益守幸福
——留守儿童心理与社会工作

何奎莲　陈世海　著

中国商业出版社

图书在版编目（CIP）数据

益守幸福：留守儿童心理与社会工作 / 何奎莲，陈世海著. -- 北京：中国商业出版社，2020.12
ISBN 978-7-5208-1487-4

Ⅰ. ①益… Ⅱ. ①何… ②陈… Ⅲ. ①农村 - 儿童教育 - 研究 - 中国 Ⅳ. ① G61

中国版本图书馆 CIP 数据核字 (2020) 第 251862 号

责任编辑：王 静

中国商业出版社出版发行
010-63180647 www.c-cbook.com
（100053 北京广安门内报国寺 1 号）
新华书店经销
定州启航印刷有限公司印刷
*
787 毫米 ×1092 毫米 16 开 13 印张 280 千字
2020 年 12 月第 1 版 2020 年 12 月第 1 次印刷
定价：68.00 元

* * * *

（如有印装质量问题可更换）

教育部一般课题《西南农村留守家庭心理支持体系研究》（14XJAZH002）后期成果；

国家社科基金青年项目《西部留守儿童社会工作综合服务体系研究》（11CSH078）后期成果；

四川省哲学社会科学重点项目《积极发展视域下困境儿童青少年心理支持体系研究》阶段性成果；

宜宾学院创新团队《社会心理救助研究与服务团队》阶段性成果；

宜宾学院教改项目《留守儿童心理与社会工作》后期成果；

宜宾市教育和体育局教育心理扶贫重点项目“双益工程”阶段性成果。

截至 2018 年 9 月，全国共有农村留守儿童 687 万。

——民政部全国农村留守儿童和困境儿童信息管理系统数据

谨以此系列书籍，献给

所有经历过生命困境的人们！
和我一起陪伴过困境群体的人！

因你们，那束穿越困境的希望之光越来越明！

我敬爱的爷爷俊才、奶奶履清、父亲典文、母亲敏华！
我亲爱的女儿荷千！

因你们，那条从清水溪开启的生命长河日渐丰盈！

我尊敬的科研引路人——吴定初先生、黎君先生、徐朔先生、黄绪富先生！
我亲爱的科研同行者——尚书勇先生、陈世海先生、崔亚飞先生及其他伙伴！

因你们，我体会到思想舞动的别样幸福！

我们用“心”，聆听他们的心声

一个3岁男孩在一间黑屋子里大叫：“阿姨，和我说话！我害怕，这里太黑了。”

阿姨回应说：“那样做有什么用？你又看不到我。”

男孩回答：“没关系，有人说话就带来了光。”

——弗洛伊德

这篇序，费思量。

因为要用文字归纳这些年我们所思、所做、所获，感觉很难。

更因为留守这件事，需要慎重对待。

2008年汶川地震后，我曾在极重灾区北川羌族自治县先后任教体局副局长、卫生局副局长、心理卫生服务中心副主任，负责灾后心理重建。震后3名干部先后自杀，悲伤之余，我切实感受到心理工作的重要性和艰难性，从此更加珍惜生命，更愿意将自己和他人温柔以待。

2010年，我回到宜宾，将北川工作精神延续，继续用“心”做“心”工作。

那几年，全国各地特别是中西部地区多次发生留守儿童、妇女、老人被性侵、自杀、他杀、意外死亡等悲情事件。作为有社会责任感的知识分子，我在扼腕叹息之余，更希望通过自己微弱的力量，为他们做点力所能及的事；作为灾后心理重建的践行者，我深深体会到心理支持的重要性，希望聆听他们的心声，更希望能为他们提供有效的“心”支持。

儿童的成长需要父母的陪伴。由于城乡二元结构及城市化的推进，我国农村外出务工者越来越多，留守在家的孩子与父母连接削弱，孤独、焦虑、抑郁等不良情绪伴随，自杀、溺亡、性侵等事件频发。年幼的他们，多少次梦中呼唤爸妈，醒来时泪湿枕边……很多人成为对爱死心的心灵孤儿。他们，迫切需要“心”关爱！找到“心”方向！

他们的声音，我们听到并做出回应。

我们想协同政府和组织，为他们提供“心”服务，而服务前提是了解其“心”状况。

我们开始酝酿留守主题的课题。

2011 年，《西部留守儿童社会工作综合服务体系研究》被立为国家社科基金青年项目。

此后，我们开展了 10 年持续研究：

2014 年，《西南农村留守家庭心理支持体系研究》被立为教育部一般课题。

2017 年，《西南农村留守家庭心理支持体系研究》被立为国家社科基金一般项目。

2018 年，《留守儿童心理与社会工作》被立为宜宾学院校级重点教改项目。

2020 年，《积极发展视域下困境儿童青少年心理支持体系研究》被立为四川省哲学社会科学重点项目。

10 年来，聚焦留守，我们共立项 30 余个各级各类项目，立项 20 个创新创业项目。

研究不仅是为了一篇篇文章、一本本书，更是为了了解留守群体的心理状况，在此基础上科学开展“心”服务，促进“心”发展，共获“心”幸福！

2014 年 11 月，我们启动“西南农村留守家庭心理支持行动”，将研究与服务融合。

那时的我们心中忐忑，没有经验，没有资源，有的只是师生团队的热情和爱心。经过专业培训的 10 名主研人员与 150 多名志愿者利用寒暑假走访云南、贵州、四川、重庆等地 1 500 多户留守家庭，送温暖、做调研，拉开留守家庭心理服务序幕。

此后，我们开展了 8 年持续服务：

走进 42 个学校、17 个村、2 000 余户留守家庭，协同政府、学校、村社，服务留守儿童 2 万余人，培训教师 3 万余人，培训志愿者近万人、家长千余人、工作者千余人。

开发系列课程 3 套（留守儿童心理辅导活动 100 余个，教师培训课程 30 小时，志愿者培训课程 20 小时，家长培训课程 10 小时）。

在研究与服务中，我们构建了留守儿童“个体、学校、家庭、社会”系统支持体系，构建了“科学研究 + 人才培养 + 社会服务”三位一体服务模式，完善了“心理援助 + 社工援助 + 法律援助 + 教育援助”四助联动的心理与社会工作模式。

我们的心声，很多人听到并做出回应。

留守儿童师资培训网络课程被中央广播电视大学、华东师范大学教育部“国培计划”项目采用，用于全国乡村教师培训；师资培训地面课程被宜宾市教体局及 20 余所学校采用，用于市县校教师培训；志愿者培训课程被共青团宜宾市委员会采用，用于暑期关爱留守儿童志愿者培训；助力更多教师、志愿者提升关爱能力，切实构建留守儿童社会支持体系。

中国文明网、中华人民共和国教育部官网、中国网、中国高校之窗、四川新闻网、《四川农村日报》《教育导报》等 100 余家媒体报道了我们的活动，负责人被评为四川省最美十大志愿者，所带心之荷志愿者协会被评为宜宾市优秀志愿组织，核心团队成员多人获各类奖项。

我们希望更多的他们和你们，听到我们的声音。

为了让更多的人了解留守群体，我们将 10 年研究与服务成果汇集成系列书籍。

本书是系列书籍中的第二本。如果说系列书籍中的第一本《守望幸福——西南农村留守家庭心理支持体系研究》是留守家庭的全息画卷，那么《益守幸福——留守儿童心理与社会工作》便是针对留守儿童群体的焦点画卷。

本书聚焦留守儿童心理健康，探索心理与社会工作整合的有效干预方法，内容共五章：

第一章概述留守儿童基本状况，包括留守儿童群体特点、心理状况、我们的研究及服务。第二章至第五章呈现经实践检验有效的留守儿童心理健康促进方法，包括绘画干预、运动干预、叙事干预、焦点解决短程心理干预。每章结构相同：开篇为问题思考或文字阅读，将读者引入留守儿童生命场景；第一节为知识链接，介绍该主题的概念、功能、方法及相关研究等内容；第二节、第三节为各类具体干预方案及效果说明，为读者开展类似实务工作提供借鉴和参考。

我们将理论与实务整合、感性与理性融合，通过研究厘清留守儿童心理状态，提供经实验验证有效的具体干预方案，用理性保障服务的科学性，用感性增强科研的人文性。

我们希望，您不仅仅看到一组组数据、一行行文字，更希望您能透过数据和文字，感觉到他们的无助、哀伤，聆听到他们的心声与盼望，看到他们的资源与力量！

我们试图用“心”说话，让他们和你们，听到我们的声音。

因为，有人回应，就有了光，有了光，就有了希望。

愿世界，将他们，温暖以待！

愿他们，将自己，温柔以爱！

何奎莲

2020 年 12 月 30 日

用心唤心，点亮希望之灯

灰茫的天空，孤独的孩子……

《益守幸福——留守儿童心理与社会工作》一书的封面，很有场景感，让我想到中国乡村广袤大地上生活着的大量留守孩子。

我的脑海浮现出 12 年前汶川地震后那满目的废墟、灰茫的天地、忧郁的行人……

该书作者何奎莲和我相识于 2008 年汶川地震后。她于震后挂职北川教育和体育局副局长，负责学校灾后心理援助工作。那时我带队前往灾区开展心理援助，在绵阳市教体局沟通时，局领导第一时间想到她并给她打电话。当时她还在受灾严重的陈家坝小学检查指导工作，接电话后顾不上吃午饭，开车绕行 100 多公里山路来接我们，陪同我们实地考察灾后落地援助工作，让我们感觉非常温暖。后来她又带领北川师生来到青岛大学夏令营，全程陪伴孩子们，用爱与责任点亮震后孩子希望之灯。

据悉，她在北川，先后立项了《援助共同体下的学校心理体系研究》《灾后学校心理健康教育人力资源的开发与利用》等课题，用科研保障心理援助的科学性和持续性。

这是一位温暖且有思想的人。

翻开读来，《益守幸福——留守儿童心理与社会工作》每个章节都有触动情感的故事、引发思考的案例、详细的文献综述、切实可行的方案、令人信服的数据。这些故事、案例、数据来自作者团队 10 年研究与服务实践，更来自北川精神的延续与拓展。

留守是中国转型发展时期必须面对的现实议题。劳动力的转移改善了当地经济，推进了城市化进程，但也产生了一系列亟待解决的社会问题。在超越生存，追求心灵幸福的全面小康进程中，党和国家高度关注关爱留守群体，幸福中国“一个都不能少”！

作者用高度的责任心和强烈的情怀，聚焦社会发展中亟待研究和解决的留守儿童问题，组建社会学、心理学、教育学、法学跨学科研究与服务团队，进乡村、进家庭、进学校、进政府，将学术的理性和体验的感性结合，开展了长达 8 年的田野行动。

通过一组组数据、一行行文字，我对留守儿童这个群体有了更多的了解，也确确实实感知到他们的心声与盼望。

更为难能可贵的是，她将研究与实践无缝结合，立足调研结论设计并实施各类方案，尽自己所能为留守儿童提供有温度的心理与社会服务；协同政府，通过培训志愿者、教师、家长、政府工作者，切实构建留守儿童心理支持体系，促进留守儿童健康发展，共获心幸福。

透过一个个故事、一张张照片，我仿佛也看到行走在乡村的何奎莲团队，他们的初心、渴望与力量。

这是一本有温度且有深度的书。

我不仅读到了这本书，也在网上读到了很多与这本书相关的故事：2009年《中国教育报》人物版的整版报道《何奎莲：为北川孵一颗心灵的“蛋”》、2015年《四川农村日报》的报道《行走乡间的心理咨询师》、2017年“中国文明网”《最美志愿者何奎莲：用心唤心 点亮留守家庭的希望之光》……故事的背后，是她一直的坚守。

这个温暖的人，一直在做温暖的事。

时光荏苒，一过12年。

逆行北川的初心，依然行走在西南偏远乡村、学校……

是的，变了的是岁月，不变的是她对经历灾难、留守等生命者的爱与责任。

当然还有我们——这一群不忘初心的“心”者，凭着对理想与信念的坚守、对不同生命的尊重、对心灵之光的捕捉、对幸福之路的建构，一起做着“心”事业，铸就“新”希望。

他们的心声，她听到了，用专业的思考和温暖的行动做回应。

她的心声，我听到了，我愿意回应，更愿意传播，让希望之光更大、更亮、更暖！

陶明达

2020年12月

陶明达：青岛大学师范学院副院长、青岛大学（青岛）心理与精神健康研究院院长、教授、博士；青岛啤酒“重塑激情 成就梦想”四川地震灾区红十字心理援助计划项目负责人，所率团队曾获中国红十字优秀志愿服务队等荣誉称号。

目 录

第一章　留守——分离之泪与成长之心

您看到了什么?

视

文：刘谨锐　摄影：梁金玉

我不知道
稚嫩的孩子
为何用
布满灰尘的双手
遮住自己的脸庞
我能感觉到
那不是孩子应有的
调皮与淘气
而是无法遮挡的
恐惧与彷徨
这是在提醒着
该给他们更科学的爱了

※ 互动提问

提到留守儿童，你的感觉是____

____

你认为留守儿童具有哪些特点？

____

在以上特点中，你认为正向的特点有____________________________________

在以上特点中，你认为负向的特点有____________________________________

请填入下图中，正向的特点填在黑色部分，负向的特点填在白色部分。

你觉得留守儿童最需要的是____

我眼中的留守儿童

对贫困、留守、流动、单亲、残疾、遭遇校园欺凌、丧亲等处境不利的学生给予重点关爱，必要时开展心理干预。

——2019 年 12 月 18 日国家卫生健康委、中宣部、中央文明办等 12 部委《关于印发健康中国行动——儿童青少年心理健康行动方案（2019—2022 年）的通知》（国卫疾控发〔2019〕63 号）。

本章导读：

本章内容共四节。

第一节介绍留守儿童的概念、产生原因、特点及相关研究情况，协助读者从整体上了解留守儿童群体。

第二节分析部分留守儿童发生的典型案例。

第三节是本课题问卷调研分析及作品分析，为读者呈现留守儿童心理健康状况。

第四节介绍本团队已开展的10年心理与社会服务。

盼

※ 知识链接

第一节　什么是留守儿童

改革开放以来，由于我国城乡二元结构加上城市化进程的快速推进，大量农民工流向城市。在流出人口比较集中的地区，普遍出现了人口结构的“386199”现象，也就是“留守家庭”现象。[1] 大量儿童留守在老家农村，成为留守儿童。

一、留守儿童的概念

（一）留守儿童——留守在户籍所在地的儿童

“留守儿童”一词最早出现在1994年，指因父母卷入“出国潮”而遗留在国内的孩子[2]，后泛指因父母长期外出工作而长期留守在家的儿童。该群体在2004—2005年引起社会各界广泛关注、热烈讨论，至2019年达到高峰。

留守儿童的概念界定包括三个要素：一是父母外出情况，多数学者都认同父母一方外出打工即可；二是留守时间，多数研究都比较认同半年的时间界定，其他时间界定得较少；三是年龄界定，较少明确界定，大多强调留守性质，并不十分强调年龄界限。

本研究中的留守儿童是指父母单方或双方外出务工连续三个月以上，自己托留在户籍所在地家乡，由父母单方或其他亲属监护的未成年人。未成年人是一个社会学或法学的概念，一般指仍未成年的人。留守儿童群体主要就读幼儿园大班、小学、初中和高中，通常有与父母单方居住、独自居住、与祖辈一起居住、借宿学校、投靠亲戚五类居住形式。

（二）留守儿童——固守在中西部乡村家园的儿童

当前，我国人口流动的基本方向是由农村流向城市，由经济欠发达地区流向经济发达地区，由中西部地区流向东部沿海地区。因而我国的留守儿童主要分布在中西部经济不发达地区，四川、贵州、云南等西南农村地区留守儿童非常普遍[3]，其生存条件相对较差。

（三）留守儿童——一个数量庞大的独特群体

2010年进行的第六次人口普查数据显示，2010年全国0～17岁的留守儿童有6 972.75万人，其中农村留守儿童规模达6 102.55万人，四川农村留守儿童有692.03万人，占全国11.34%，占该省农村儿童的54.25%，贵州农村留守儿童有314.28万人，占全国5.15%，占该省农村儿童的40.26%[4]；《2015年全国教育事业发展统计公报》显示，全国义务教育阶段在校生中农村留守儿童共2 019.24万人[5]；民政部发布的2016年农村留守儿童摸底排查结果显示，农村留守儿童有902万；民政部全国农村留守儿童和困境儿童信息管理系统数据显示，截至2018年9月，全国共有农村留守儿童687万。

近些年，留守儿童数量有所下降，一是因为东西部经济格局的调整及乡村振兴战略的实施，很多外出务工者开始返乡创业或就近务工，二是因为对留守儿童的界定有了调整。

二、为什么会有留守儿童

（一）留守——中国古已有之的现象

“留守”一词，中国古已有之，《汉书·淮阳宪王刘钦传》中有“博上书：愿留守坟墓，独不徙”。其本意是指在某个地方留下来行使看管、守卫等职责。留守者因责任留守，所在地不一定艰苦，彼时的“留守”没有太多悲情色彩。此外，下南洋、走西口、闯关东、闹革命时期，青壮年外出经商、革命，也会把孩子留守在老家。近些年，中国转型时期快速的城镇化进程赋予了“留守”新的含义。留守者变成了特定的弱势群体，如妇女、儿童及老人，留守的原因不再是为了某种职责，而是社会、家庭等多种因素导致的被迫遗留，留守地多为艰苦、偏远的农村。此时的“留守”带上了辛酸、无奈色彩。

（二）留守儿童——中国社会转型时期出现的特殊群体

留守儿童的产生有三个背景：

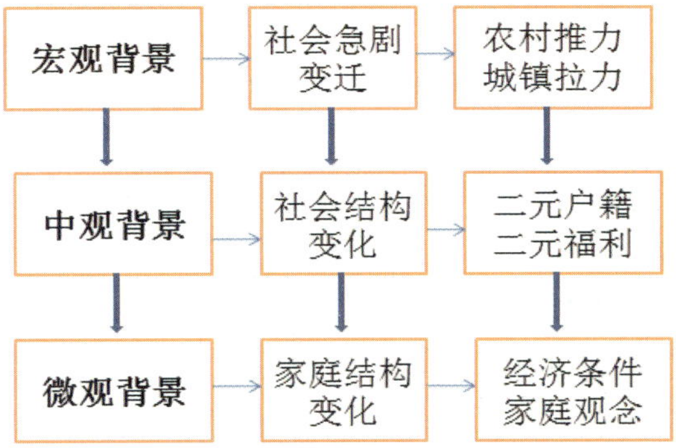

留守儿童产生的背景

宏观背景：中国社会急剧变迁。经济发展与经济结构因素造成的农村推力和城镇拉力是农村劳动力转移的根本原因。

中观背景：由于中国社会结构的变化，二元户籍、二元福利、户籍所在地高考是导致留守现象产生的重要原因。

微观背景：中国家庭结构的变化。经济条件、家庭观念决定了家庭结构的变化，经济条件会影响家庭是否选择外出打工，留下子女或配偶。

留守儿童产生的原因较为复杂，主要有以下几个方面：东中西部地区发展差异，城乡发展差异，职业流动自主性提高，城市生活的制度壁垒，社会价值观中的经济趋向，政府城镇化的引导，欠发达地区政府的推动。

三、如何看待留守儿童

（一）留守儿童——权利保护严重缺位的儿童

2016 年农村留守儿童摸底排查结果显示：902 万农村留守儿童中，有 805 万人没有父母作为监护人，由隔代监护，占 89.3%；30 万人由亲戚朋友监护，占 3.3%；36 万人无人监护，占4%；31万人由无监护能力的父母中的一方监护，占3.4%；近32万由隔代或亲朋监护的农村留守儿童监护情况较差；1.6万名辍学留守儿童，超过21万人没有登记常住户口；其中，6～13岁留守儿童占比最大，为559万人。

留守儿童，特别是年龄幼小的留守儿童，尚没有独立生活能力和行为能力，自我保护能力弱，自我救助能力弱，自我改变意识与能力弱，自我发展潜能没有被激发，正处于人生发展的奠基阶段，特别需要父母的陪伴与强有力的社会支持和关爱。父母外出、社会支持不足让其受教育权、人身权、生命健康权、受监护权、受照顾权、发展权均存在不同程度的损害。

（二）留守儿童——早期依恋关系被破坏的儿童

依恋通常指婴儿和其照顾者之间存在的一种特殊的感情上的联结和纽带。依恋产生于婴儿与其照顾者的相互作用过程中，建立在个体身心需要被满足的基础上，是一种能让个体感觉到安全、信任的人际关系。依恋是人类适应生存的一个重要方面，提升了婴儿的生存力，建构了婴儿的适应性，为个体终生向更好地适应生存的方向发展奠定了基础。

按照婴儿与其主要照顾者的互动模式，依恋关系可以分为三类：

信任型婴儿，和养育者在一起时能开心玩耍，但不会总依附养育者，也可以独自玩耍。养育者离开时，其有苦恼和不舍，在养育者离开后也可以独自玩耍。养育者回来，其会很开心，会立即与养育者接触，之后很快平静下来，继续玩耍。

回避型婴儿，与养育者在一起时没有明显的情绪，在养育者离开时无紧张、忧虑及不舍，当养育者回来时亦不予理会或短暂接近后走开，有忽视及躲避行为。

反抗型婴儿，与养育者在一起时很开心，当养育者离开时强烈反抗，哭叫、拉扯，在养育者离开后很久无法平静，当养育者回来时表现出矛盾行为：接触，发怒，无法安静地独自玩游戏。

信任型是安全依恋类型，主要来自照顾者（特别是亲生父母）对婴儿身心的关照，照顾者的关心、照顾能让婴儿产生信任感、安全感，从而建立安全基地，在今后的成长过程中会对自己和别人有更多的信任，能流畅表达感情，有更多探索的勇气和行动，从而更好地适应社会。

回避型、反抗型是不安全依恋类型，是相对稳定并长期保持的，会影响儿童今后的发展，是心理病理问题的风险因素。不安全依恋主要来自照顾者对婴儿的忽视、虐待或过度满足。后期环境改变，有温暖的照顾者，不安全依恋可以转为安全依恋。

依恋类型

一个完全不能和母亲（或另一个代替者）发生联系的婴孩必定会走上灭亡之途。

——阿德勒

父亲的出现有助于孩子放弃对母亲的依恋。

——帕森斯

儿童的健康成长需要父母的悉心呵护与关照。由于父母外出，留守儿童缺乏固定的温暖的养育者，早期依恋关系被不同程度破坏，缺乏安全基地，在后期成长中更容易产生反抗及回避心理和行为。心理健康最基本的要求在于婴儿应该有与母亲或稳定的代理母亲之间的连续不断的温暖亲密的关系。特别是那些主要养育者不固定的孩子，更容易产生分离创伤，产生成长期的各类心理和行为问题。需要特别强调的是，早期母亲照顾的缺失或不足不仅会影响婴儿当时的身心健康，也会影响其今后的健康发展。

（三）留守儿童——社会支持体系不足的儿童

除了早期依恋关系的建立受损，留守儿童还面临家庭功能失衡、学校教育不力、社区资源匮乏、大众传媒误导、政府救助机制不全等现实困境，社会支持体系严重不足。

由于父母双方或单方的外出，留守儿童在家庭中通常和祖辈生活，留守家庭在经济功能提升的同时，养育功能、教育功能、情感功能均不同程度下降，无法为儿童提供有力支持。

我国学校心理健康教育尚在发展阶段，多数学校心理健康教育师资、课程、活动较为缺乏，无法为广大留守儿童提供系统、专业、个别化的心理辅导。乡村学校都建有留守儿童之家，其功能主要是打打亲情电话，看看书籍，偶尔与老师聊聊天，并未真正成为留守儿童的心家园。

我国社区心理服务功能整体较弱，特别是中西部农村，社区心理服务功能基本为零。很多村社也建有留守儿童之家，但主要也是打打电话，看看书，偶尔搞搞活动给留守儿童及其家庭送点物资，重视物质扶持，忽视心理支持。究其原因，是因为社区缺少专业心理工作者及社会工作者，无法为留守儿童及其家庭提供最基本的心理与社会服务。

此外，很长一段时间大众传媒监管不力，很多媒体为博人眼球，多报道影视明星生活琐事及各类负面事件，加之互联网时代，网络游戏几乎席卷了每一个孩子，缺乏父母的监管与引导，留守儿童在手机使用、网络游戏及网络信息浏览中更容易被媒体误导。

由于留守儿童问题涉及多个层面，其救助是一个系统工程，当前政府救助机制尚不健全，很多政策法规尚未完全落实。

（四）留守儿童问题——一个全球性的问题

在全球化浪潮的席卷下，留守人口子女问题也是亚洲、非洲、拉美、东欧等地发展中国家面临的共同议题。[6]只要有人口流动，就会产生留守儿童现象。因而，发达国家和发展中国家均有留守儿童现象。如日本的“单身赴任”、菲律宾政府设置的“社会福利官制度”、尼加拉瓜的“学生顾问”计划、墨西哥的“四方协同公民倡导”计划。如何保障受人口流动影响的儿童的健康生存和发展，保护其合法权益，已经受到联合国及其有关机构的重视。

中国留守儿童问题与其他国家的留守儿童问题形同而质异：留守儿童问题的实质是儿童与父母的空间分隔状态导致的各类问题，其原因是中国特殊的城乡二元结构带来“农民工融入之难，造就其家庭的分割之剧”[7]，也即留守儿童现象的产生是由于特殊的社会环境及社会结构。

留守儿童是人类自身再生产的承载，是国家的财富，是经济增长过程中的利益受损者，获得照料和支持是留守儿童本身的基本权利。因而，留守儿童问题是中国社会发展中的一个急需解决的社会问题，需要加强对该群体的研究与服务。

四、留守儿童状况如何

研究者采用文献研究法开展了相关研究，以了解学界关于留守儿童的研究结论。

（一）研究总体情况

留守儿童引发了研究者的高度关注。在中国知网以“留守儿童”为主题检索到文献 33 795 条。最早涉及留守儿童的文献始于 1968 年，自 2004 年起相关研究逐渐增加，2005 年留守问题进入大众视野，媒体和公众开始关注该现象。2008 年相关研究达到第 1 次高峰，有 1 078 篇文献，2013 年再上新高，达 2 585 篇，2016 年达 3 697 篇，2019 年达到顶峰 3 727 篇。

研究者对留守儿童的处境、生理健康、心理健康、教育发展等方面进行了广泛的社会调查，部分学者开展了国际比较。[8]

（二）留守儿童心理状况

1. 留守儿童的心理健康状况

心理健康是指个体的心理各个方面及活动过程处于一种良好或正常的状态。儿童能够保持持续且积极发展的心理状态，才能对外界环境、内在感受等做出良好的适应。

研究者以“留守儿童心理健康”为主题在中国知网上检索到相关文献 1 908 条，研究趋势如下图所示。相关研究始于 2005 年，除 2014 年、2020 年有所下降外，总体呈上升趋势。

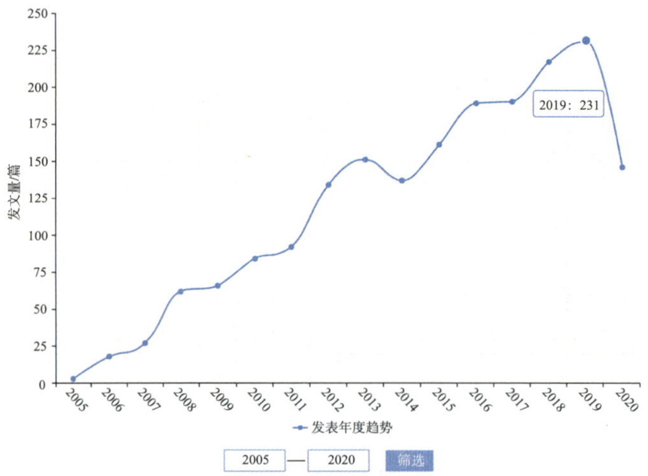

留守儿童心理健康状况研究趋势图

已有研究显示：留守经历影响着儿童心理健康多方面的发展，不利于儿童积极心理品质的建立和良好人格的塑造，导致一系列的心理问题，如自卑、孤僻内向、胆小等。留守儿童心理问题检出率较高，心理问题种类较多，心理健康水平整体较差。

与非留守儿童相比，留守儿童存在诸多心理适应问题。外化问题(如学业违纪、攻击等)和内化问题(如孤独等)尤为突出。丁继红等的研究表明，父母外出务工也意味着父母至亲的陪伴、抚慰和监督相应缺乏，可能会导致诸多问题。[9] 由于父母双方或者一方外出造成亲子分离，家庭教育失序，家庭教育主体责任转移，情感交流萎缩，由于替代养育者(祖辈)的经验养育倾向导致代际冲突尖锐，教育理念与行为背离，父母在子女成长过程中缺位引起家长权威削弱，非理性溺爱现象严重，这些问题错综复杂。

留守经历大大增加了儿童心理问题的发生率。刘霞等的研究显示，留守儿童在学习焦虑、对人焦虑、孤独倾向、身体症状、恐怖倾向、冲动倾向六个维度得分都显著高于非留守儿童组（$P<0.001$）。[10] 周金艳等的研究结果发现：父母均外出打工的留守儿童的退缩评分、焦虑 / 抑郁、思维问题、内向性行为等因子得分远高于非留守儿童和父亲外出打工的留守儿童，广泛性焦虑因子、学校恐怖因子、焦虑总分、抑郁总分也都明显高于非留守儿童。[11] 王晓丹等的研究结果显示，留守经历不利于小学留守儿童积极认知形成。[12]

留守儿童心理问题种类较多。张志英、王玉琼指出，留守儿童常常有一种孤僻的心理，有 55.5% 的留守儿童表现为任性、冷漠、内向、孤独[13]，性格孤僻、脆弱、渴望亲情成为留守儿童最大的心理问题[14]。李宝峰指出，留守儿童中有各种轻度及明显心理问题的人数比例为 31.10%。[15] 蒋平调查发现 ，留守儿童中有 27.14% 有焦虑心理 ，27.16% 有抑郁心理，24.15% 有恐惧感心理，22.17% 有易怒心理，57.16% 有过失行为 ，35.12% 有说谎行为，7.14 % 有偷窃行为，30.16% 有攻击行为，41.13% 有破坏行为。[16] 段淑霞指出，留守儿童的心理健康问题已成为比较突出的问题。[17]

不同性别、不同年龄的留守儿童心理健康存在差异。岳慧兰等研究发现，小学阶段留守儿童的焦虑程度较高，尤其是留守女童的心理健康状况应该成为关注的重点。[18] 周宗奎等指出 ，农村留守儿童在父母外出后表现出较明显的情绪问题、交往问题和自卑问题等 ，年龄越小的孩子表现越突出 ，小学生尤其是女生表现最明显。[19] 冯靖雄的研究显示，留守儿童在冲动倾向方面、焦虑方面存在问题，不同年级阶段的心理健康问题有变化，且心理健康问题在性别方面也各有不同。[20]

2. 留守儿童的心理弹性状况

心理弹性也称心理韧性，是指个体对重大生活逆境的积极应对。[21] 良好的心理弹性能够使个体即使面对不幸的生活经验，也能够克服困难且得到成长，即使处于不利环境，也有迅速复原或成功的适应能力。如果心理弹性较差，当个体遭遇困境、面对压力甚至经历危险时，则有可能导致个体适应失败，心理和行为产生偏离。

在中国知网以“留守儿童心理弹性”为主题进行检索，共检索到相关文献 321 篇。

已有研究显示：留守儿童的心理弹性较差，留守儿童心理弹性状况存在明显的组间差异，留守女童的心理弹性明显优于留守男童。不同留守情况会对儿童的心理弹性产生非常明显的不同影响。张海芹通过调查农村在校学生，发现农村留守学生的心理弹性总体上差于非留守学生。心理弹性具体维度上，留守学生在情感控制、家庭支持、积极认知等维度上显著低于非留守学生。[22] 陈友庆等的研究也与上述观点相符，其研究发现留守学生最希望得到父母的心理支持，留守学生与父母联系的频率越高，其心理弹性的得分也越高。[23] 刘红升等指出，留守儿童的心理弹性总体上处于中等偏上的水平。[24] 秦安兰指出，留守儿童心理弹性研究是留守儿童问题研究由消极视角转向积极视角的必然选择，心理弹性的提升对促进留守儿童积极发展具有重要意义；分别从个体系统、微观系统、中观系统、外系统和宏观系统建构利于留守儿童心理弹性发展的个人、家庭、学校、社区等社会生态系统，增加保护性因素，将会从整体上提升留守儿童的心理弹性。[25]

3. 留守儿童的心理资本状况

心理资本是个体积极的核心心理要素，包括四种积极心理力量，即自信或自我效能感、希望、乐观和坚韧性。心理资本可以保护人们在逆境中依然保持心理健康等特征。

在中国知网以“留守儿童心理资本”为主题检索到相关文献 51 篇。

已有研究显示：留守儿童的一般自我效能感、韧性、希望等积极心理资本低于非留守儿童，团体辅导、学校社会工作介入有利于留守儿童心理资本的提升。赵丽丽研究发现：留守儿童一般自我效能感总分显著低于非留守儿童。[26] 徐礼平等研究发现：留守儿童在心理韧性的目标专注、情绪控制、家庭支持、人际协助等因子及个人能力和支持力因素方面得分明显低于非留守儿童。[27] 刘旺发等的研究发现：留守儿童心理韧性在积极认知维度上显著低于非留守儿童。[28] 杨新华等的研究表明：留守儿童的希望感得分显著低于非留守儿童，且母亲外出打工的留守儿童的希望感得分最低。[29] 付浩杰等的研究发现：留守儿童积极心理品质得分显著低于非留守儿童 ($P<0.05$)。[30] 范兴华等的研究显示：团体心理辅导能有效提升留守儿童的自信进取与明理感恩水平，对心理适应有一定增益效应。[31] 曹杏田指出，曾留守大学生正义与合作、节制与勇气、智慧与超越、乐观与期望四个方面积极心理品质与心理健康有极大相关性。[32] 付浩杰提出了针对留守儿童积极心理资本提升的以积极情绪体验、积极人格特质培养和构建积极的社会组织系统为目标的教育模式。[30] 邝宏达强调，需要特别关注表达抑制对留守儿童心理资本的负面影响。[33] 王誉迪研究发现，留守儿童的心理资本比非留守儿童的心理资本水平低，团体辅导和小组工作的介入对提升研究对象的心理资本会产生积极的影响。[34] 目前缺乏对留守儿童心理资本的综合性、系统性研究。

（三）留守儿童的家庭亲密度和适应性状况

家庭功能是指家庭系统中家庭成员之间情感联系、家庭规则、家庭沟通以及应对外部事件的有效性。良好的家庭功能是亲子良好感情的基础，是儿童社会支持特别是心理支持的主要来源，只有家庭功能正常，家庭的社会功能才能正常发挥。

在中国知网以“留守儿童家庭功能”为主题进行检索，检索到相关文献 141 篇。在中国知网以“留守儿童家庭亲密度与适应性”为主题进行检索，检索到相关文献 30 篇。

已有研究显示：留守损害了儿童家庭功能的正常发挥，降低了儿童家庭亲密度与适应性，不利于儿童的身心发展，相较于双留守，单亲抚养在一定程度上能够起到弥补损害的作用。

范兴华等研究发现，留守儿童存在一些不利的因素，如缺少父母关爱、家庭气氛冷清、家庭教育质量下降等。[35] 崔丽娟等认为，留守儿童家庭功能产生缺失。[36] 赵洁等发现，父母单方打工的留守儿童在实际亲密度上的得分显著高于父母双方都打工者，单亲抚养的儿童好于隔代抚养和其他形式的抚养者。[37] 张介平的研究发现，随着年龄的增加，留守儿童家庭关系由亲密型向自由型转变；在缠结型分析中，寄宿制班中非留守儿童与普通班儿童对情感的依赖有较高的比例，而留守儿童情感则更显独立，尤以高年级为甚。[38] 袁宋云等的调查结果显示，单、双留守儿童的家庭亲密度、家庭适应性得分均显著低于一般儿童。[39] 亲子仅依靠电话进行沟通，无法进行及时有效的情感反馈，一些留守儿童有被遗弃的感觉，此外，方晓义指出家庭的支柱转移到留守单亲或祖辈身上，家庭抵御外来侵害和应对突发性事件的能力降低。[40] 朱爱国指出，家庭功能的弱化使得家庭中的留守儿童在身心健康、性格塑造以及行为习惯养成等方面存在着极大的隐患。[41] 卢春丽研究发现，留守儿童受欺负程度显著高于非留守儿童，留守儿童家庭功能总分和亲子关系总分均显著低于非留守儿童。优化家庭功能，改善亲子关系，可以预防或减少留守儿童受同伴欺负。[42] 杨攀的研究结果显示，家庭功能在留守经历与问题行为间起部分中介作用。[43] 秦陈荣指出，母子亲密度高更有利于缓解农村留守儿童孤独感，父子沟通频率高更有利于缓解农村留守儿童孤独感。[44]

（四）留守儿童社会支持

社会支持是指个人在自己的社会关系网络中所能获得的、来自他人的物质和精神上的帮助和支援。社会支持将决定个体的安全感，影响个体心理健康水平。

在中国知网以“留守儿童社会支持”为主题进行检索，检索到相关文献 679 篇，现有文献多以研究留守儿童社会支持现状与影响因素为主。

已有研究显示：留守儿童社会支持不足，未来研究方向为更加系统的社会支持体系构建。

骆鹏程研究了留守儿童心理弹性与人格、社会支持的关系。[45] 李浩秋对留守儿童的社会介入情况进行了探究。[46] 徐琳指出，当前已有研究虽初步形成了农村学前留守儿童社会支持系统的理论框架，但大多数研究还停留在分散的理论描述状态，有待系统的理论研究和深度的动态研究；只关注某些远端支持子系统，未触及核心问题——家庭教育近端子系统；缺少对构建留守儿童社会支持系统的有针对性和操作性的干预方案与政策建议。未来研究必须构建全社会共同参与的协调运行、整体统筹、利益合理分配的促进农村学前儿童发展的社会支持系统。[47] 刘霞等的研究发现，初中留守儿童的支持利用度低于非留守儿童，其违法和违纪行为多于非留守儿童；在社会支持的三个维度中，主观支持对初中留守儿童的违法、欺骗和违纪行为均具有显著的负向预测作用，支持利用度则危害健康的行为具有显著的负向预测作用；社会支持可以有效减少留守儿童的问题行为；无论社会支持水平高低，初中留守男生均比留守女生存在更多的危害健康的行为。[48] 胡昆的研究结果表明，留守儿童在支持利用度上存在性别差异，不同监护的留守儿童在客观支持和支持利用度上存在显著差异；农村留守儿童的社会支持系统较差。[49] 肖云指出，解决农村留守儿童的问题除了强化家庭功能，外出父母多关心孩子的生活、身体、情感和心理健康状况，提高“隔代教育”的质量外，还必须充分利用社会资源，建立农村留守儿童社会支持体系。[50]

（五）留守儿童社会工作

社会工作介入是有效的留守儿童心理健康促进手段。留守儿童也是社会工作领域关注的话题。社会工作是协助个人、家庭、团体、社区适应所在的社会环境脉络，增强或恢复其社会功能的能量，创造有利于达成目标的社会条件的一种专业活动。

在中国知网以“留守儿童社会工作”为主题检索到文献 513 篇。

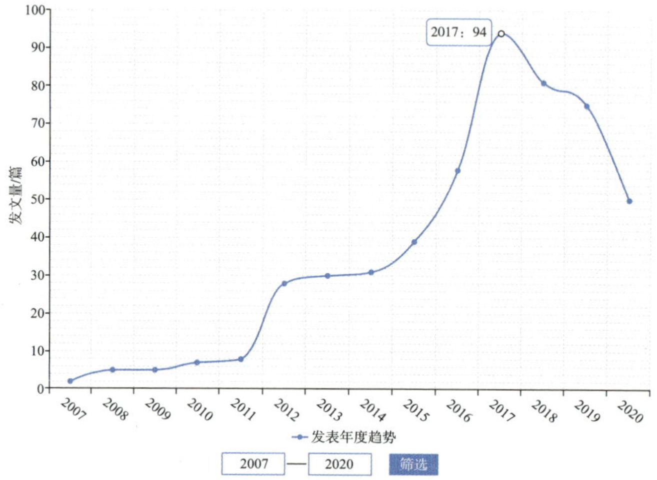

留守儿童社会工作研究趋势图

已有研究显示：社会工作能有效提升留守儿童心理健康水平。

陈世海等对留守儿童研究文献进行文献计量及内容分析[51]，对西部留守儿童学校社会工作服务方法进行研究[52]。曹自爱等从社会工作专业的角度介入留守儿童心理问题，用个案工作、小组工作、心理辅导等专业方法，提升留守儿童认知能力与心理健康水平。[53]张央央等通过个案工作介入针对留守儿童的主要心理问题及其表现，通过成因分析，结合留守儿童的具体现状，给出了四种具体的个案介入方法。[54]冯鑫芳借助详细的小组方案设计和小组活动的开展，培养留守儿童的学习兴趣，增强留守儿童的自信心，让留守儿童对自己的家乡及家人产生归属感，培养他们感恩的心，使留守儿童能够树立正确的世界观、人生观、价值观。[55]已有研究缺乏社会工作与心理工作的整合研究。

（六）留守儿童心理健康促进策略

除了社会工作视角外，学者还从心理视角探讨留守儿童心理健康问题的应对策略，强调构建留守儿童心理健康的促进体系，推动与之相关的心理工作的开展。

在中国知网以“留守儿童心理健康促进”为主题进行检索，共检索到相关文章 187 篇。

已有研究对留守儿童心理健康促进进行了多技术探索。张连梅指出，存在大量留守儿童的农村学校对做好留守儿童的心理健康教育辅导有义不容辞的责任。[56]李道东指出，面对留守儿童的问题，我们要积极面对，认真分析，因势利导，变消极为积极、变被动为主动。[57]谢家清指出，留守儿童问题不仅是一个教育问题，也是一个急需各级政府和社会各界高度重视的社会问题。[58]张晴指出，通过绘画作品能呈现很多儿童潜在的心理问题。[59]殷周州指出，体育锻炼对留守儿童心理健康具有促进作用。[60]

笔者发现，“留守儿童”“留守儿童心理健康”“留守儿童社会工作”三个主题的研究文献在发表年度趋势上出现了惊人的相似度，即总体呈上升趋势，在2019年均达到最高峰，在2020年均有所下降。下降的一个原因可能是留守出现了新趋势，比如，流动儿童增多，留守儿童减少。

综上所述，已有研究研究了留守儿童个体心理状况（包括心理健康、心理弹性、心理资本）、家庭功能及社会支持，从社会工作及心理工作角度都展开了留守儿童心理健康促进研究，在心理工作方面从家庭、学校、社会等不同角度探索留守儿童的心理支持策略，社会工作视角的研究提倡从留守儿童的日常生活着手，平等、公正、客观地看待并服务于留守儿童。

这些研究成果为本研究提供了较为丰富的视角及借鉴，但已有研究也存在如下不足：

第一，已有研究多从“问题/缺陷”视角探讨留守儿童心理健康问题，以消极的视角看待留守儿童群体，忽视了留守儿童自身的品质优点、发展潜力等优势。本研究从“资源/优势”的视角出发，探索留守儿童的积极心理品质及其培育策略。

第二，已有研究多为留守儿童个体心理、家庭功能及社会支持的单一研究，很少系统研究儿童整体情况。本研究采用系统研究法，通过调研问卷及访谈研究留守儿童个体心理状态、家庭功能及社会支持情况，通过叙事研究法、作品分析法整理分析曾留守者的心路历程、积极资本、影响因素。

第三，已有研究很少转化为具体留守儿童干预实务。本研究采用行动研究法和实验法，在问卷调研及作品分析后，根据留守儿童心理特点，设计具体干预方案，并开展干预实务。

第四，在干预方法方面，目前学者多从绘画干预、体育锻炼等不同的干预方法出发，对留守儿童促进策略进行研究，但是目前已有的研究以单一的方法为主。本研究系统研究绘画干预、团体辅导、运动干预等干预方法，以探讨不同干预方法的实施及相关成效。

第五，已有研究中心理工作与社会工作无整合。心理学关注个人心理现象，社会工作的焦点在于人类与环境的互动。本研究将实现“心理—社会”模式的转变，将心理工作的专业技术与社会工作的思维模式整合起来，用社会工作的思维开展心理研究与服务，用心理工作的具体方法来开展社会工作，从而提升服务的科学性、专业性、高效性，协助留守儿童适应所在的社会环境脉络，增强或恢复其社会功能能量，预防社会问题。

“益守幸福”留守学生团体心理辅导

带领者简介：王婷，女，宜宾市三中心理教师，心理咨询师，全国未成年人心理健康教育辅导中心四川辅导站负责人，四川省未成年人心理健康辅导工作指导专家，宜宾市中小学心理健康教育专家委员会专家，获四川省心理活动课展评一等奖，执教的主题班会课《生命》《我的情绪我做主》被中国科学文化音像出版社出版发行，主研课题获四川省政府二等奖。

寄语留守：你若选择了远方，必然风雨兼程；你若选择了盛开，清风自会徐来。

第二节 留守困境会导致什么

为了解留守对儿童的影响，研究者采用典型案例研究法，收集了媒体公开报道的发生在留守儿童中的典型事例及团队开展公益服务中收集到的代表性案例，从心理学、社会学等视角展开分析并提出应对策略。

※ 案例回放

贵州毕节4名留守儿童自杀

2015年6月10日，贵州毕节市七星关区政府发布消息：6月9日晚11点半，贵州毕节4名儿童疑似农药中毒，经抢救无效死亡。警方的初步调查结论是疑似集体喝农药自杀。4个孩子中，最大的13岁，最小的5岁，父亲外出打工，母亲2014年3月离家，自杀前4个孩子独自在家生活了近一个月。

现场发现了疑似大儿子张启刚的遗书：

> 谢谢你们的好意，我知道你们对我的好，但是我该走了。我曾经发誓活不过15岁，死亡是我多年的梦想，今天清零了！

资料来源：http://edu.southcn.com/jygd/content/2016-01/18/content_140973588.htm。

是什么让他们放弃了生命？

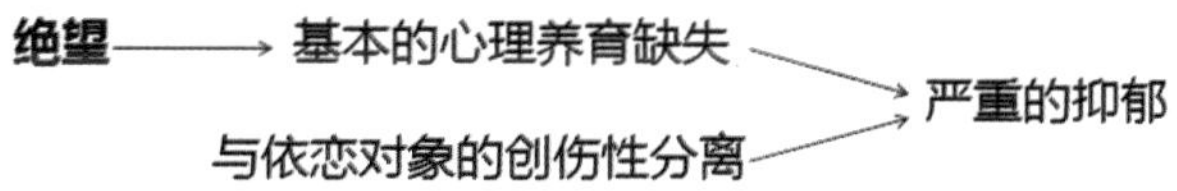

古吉慧（心理咨询师、社会工作师、宜宾学院心理学副教授）：“在这个案例中，我们能感觉到自杀孩子深深的绝望。由于母亲离家出走，父亲外出打工，孩子急需的基本的心理养育缺失，造成与依恋对象的创伤性分离，孩子可能有严重的抑郁情绪。留守儿童的心理健康状况需要高度关注。”

陈世海（云南大学社会学博士、宜宾学院社会学教授）：“这是一个特殊的留守儿童的家庭，父母均不在家，只有4个孩子独自在家生活，大的孩子照顾孩子，处于独居状态。这样的事件在留守群体中是很少的，但独居留守儿童存在的这个现象值得我们去反思。亲情链的断裂让孩子缺乏归属感，而社会支持系统不健全让孩子缺乏社会支持。如何构建良好的社会支持体系，值得我们深思。”

刘浪（律师、宜宾学院讲师）：“这个悲剧发生后，如果要去反思，学校、社会、家庭，包括司法部门，可能都存在不尽如人意的地方。家庭中父母感情不好，经常吵架打架，对子女行为和心理产生严重不良影响；父亲打母亲、打孩子，母亲离家出走，父亲后来也不辞而别，留下4个未成年孩子独自在家，最后酿成惨剧。父母法制观念非常淡薄，需要强化留守儿童父母及相关人群的法律意识。”

何奎莲（心理督导师、社会工作师、宜宾学院心理学教授）：“儿童需要家人更多的陪伴与社会的关爱，由于缺乏主要教养人的陪伴，留守儿童是一个特殊的特别需要关照的群体。在这个家庭中，4名孩子、父亲和母亲心理状况都堪忧，家庭功能不全，无法为儿童提供有效的心理支持；学校和社区的心理支持没有跟上，村干部及老师6次上门无果，关爱能力需要提升。留守家庭各成员心理状况及家庭心理支持体系仍需要更多的关注与研究。多方协力才能为留守儿童搭建良好的心理支持体系，促进他们在健康的环境中健康成长。”

何奎莲访谈古吉慧、刘浪

※ 知识拓展

儿童抑郁症的识别与应对

（1）什么是抑郁症？

儿童抑郁症是起病于儿童或青少年时期的以情绪低落为主要表现的一类精神障碍，以情感低落、思维迟缓以及言语动作减少/迟缓为典型症状。

抑郁情绪不同于抑郁症。抑郁是一种很多人都会有的情绪，是个体在生活、学习、工作中遇到明确的重大现实应激事件而引发的一种情绪体验，表现为情感低落，感觉生活无聊，情绪波动大，易感伤，提不起兴趣，偶有思维及行动迟缓，偶有早醒或嗜睡（见表1.1）。

表1.1 抑郁情绪和抑郁症的区别

	抑郁情绪	抑郁症
表现	情感低落，感觉生活无聊，情绪波动大，易感伤，提不起兴趣，偶有思维及行动迟缓，偶有早醒或嗜睡	思维、行动、言语迟缓，经常早醒、嗜睡，体重下降或增加，全身乏力，精神运动迟滞，不愿见人
持续时间	短，一般不会超过两周	久，超过两周以上
症状	无病理性症状	有幻听、幻视或被害妄想
原因	有明确的重大现实应激事件引发	无明确重大现实应激事件
严重性	不严重，无自杀倾向和行为，不危及生命安全	有严重自杀倾向或自伤自杀行为，危及生命安全
影响	对工作和生活影响小	严重影响正常生活、工作或学习
自愈性	可以自愈	不易自愈，需要专业医生帮助

儿童抑郁症发作的平均病程约 9 个月，大多数在 15 ～ 18 个月后抑郁症状基本缓解，少数在 3 个月内缓解。抑郁症儿童有以下特点：情绪波动大，行为冲动，容易激惹、发脾气、离家出走、学习成绩下降和拒绝上学等。需要注意的是，部分儿童还不能准确表达内心的感受和想法，且不同年龄段的表现各不相同。儿童抑郁症的致病原因有四个：遗传因素，家庭因素，社会支持缺乏，应激生活事件。儿童抑郁的促发因素主要源自生活和学习中所遇到的压力，即各种应激生活事件。毫无疑问，父母的远离、隔代教养的不足是留守儿童遭遇的不同于其他儿童的应激生活事件。

（2）如何应对抑郁症？

许多设计严谨、结构完善的心理治疗方法，如认知行为治疗 (CBT) 、人际关系治疗 (IPT) 、家庭治疗、心理剧和精神动力学治疗等，可以有效治疗儿童、青少年抑郁症。当教师和家长发现孩子有持续性的上述症状出现时，首先要努力减少应激源，看看是否能改善孩子的抑郁情绪。如果发现孩子在持续两周甚至更长时间内表现出上述症状，则需要到专业医院进行诊断及心理治疗。社会支持度越高，儿童抑郁的可能性越低。良好的亲子关爱、隔代养育质量、同伴关系、教师支持能有效预防儿童抑郁。研究显示，同伴关系好、父母远程支持好、教师关注多的儿童更不易抑郁。

※ 案例回放

被焦虑情绪困扰的小青

小青，女，10 岁，最近常常出冷汗、心悸、口干、头痛、腹痛，怕一个人独处，怕黑，总担心父母不要自己。

小青父亲在单身时就外出打工，与同在外打工的母亲认识后结婚。母亲怀孕临近生产回老家，生下小青后 6 个月再次外出打工，小青随爷爷、奶奶一起在老家农村生活。小青 4 岁时，爷爷突发疾病去世，小青被外公、外婆接过去一起生活。小青 6 岁时，父母离婚，小

青判给父亲抚养，重新回奶奶身边。小青7岁时，母亲再婚。小青8岁时，父亲再婚。父母婚后分别生了弟弟、妹妹。奶奶年纪大了，小青在父、母家轮流居住。小青父母性格都很内向，同时为经济的事情担心、焦虑，曾当着小青面打架。

※ 知识拓展

儿童焦虑症的识别与应对

（1）什么是焦虑症？

儿童焦虑症是一组以恐惧不安为主的情绪体验，可通过躯体症状表现出来，如无指向性的恐惧、胆怯、心悸、口干、头痛、腹痛等。婴幼儿至青少年均可发生焦虑症。

焦虑情绪不是焦虑症。焦虑是一种很多人都会有的情绪，是个体因急性惊吓、遭遇突发事件而产生的以“恐惧”为主的情绪体验。

焦虑症的主要表现是焦虑情绪、不安行为和自主神经系统功能紊乱。不同年龄的焦虑症儿童表现各不相同。根据起病形式、临床特点和病程，焦虑症可分为惊恐发作与广泛性焦虑症。根据发病原因和临床特征，焦虑症可分为分离性焦虑、过度焦虑和社交性焦虑。留守儿童的焦虑更多地表现为广泛性焦虑。

儿童焦虑症的致病原因有三个方面：心理因素，性格内向和情绪不稳定的儿童比较容易患焦虑症；社会因素，部分儿童在发病前有急性惊吓史，如与父母突然分离、亲人病故、不幸事故等；遗传因素，父母是焦虑症患者，儿童的焦虑发展为慢性焦虑，家族中的高发病率及双生子的高同病率都提示焦虑症与遗传有关。留守儿童由于反复经历分离，社会支持系统、安全基地缺损，可能会有更多的各类焦虑。

（2）如何应对焦虑症？

儿童焦虑症的干预和转介。第一，了解并消除引起焦虑的原因。第二，改善家庭与学校环境，创造有利于儿童成长的环境，减轻儿童压力，增强其自信。第三，对于有焦虑倾向的父母或监护人进行指导和干预。第四，对于严重的焦虑症患儿，应转介给心理健康专业人士处理，或要求其监护人带孩子去医院诊断治疗。对于有焦虑倾向的父母或监护人，要帮助他们认识到本身的个性弱点对孩子产生的不利影响，他们必须同时接受治疗。

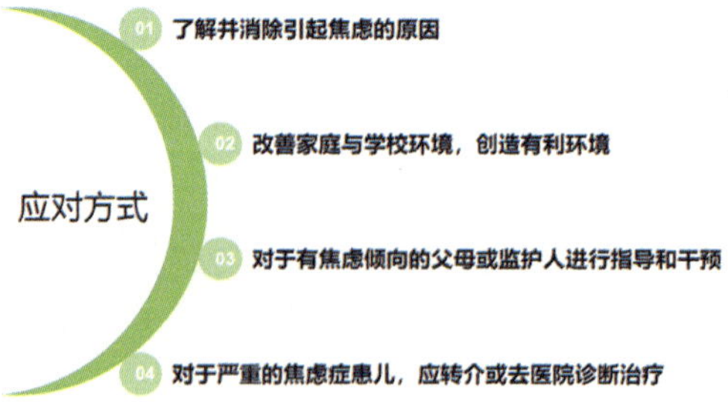

儿童焦虑症的应对方式

※ 案例回放

湖南留守少年弑师

2015 年 10 月 18 日，湖南邵东县（今邵东市）廉桥镇新廉小学，长龙村刘某（13 岁）、赵某（12 岁）、孙某（11 岁）将 52 岁女教师李桂云用棍子活活打死后，藏尸于床底，并抢走老师的手机和现金，将现场血迹进行清理后逃离。之后三人若无其事地在网吧继续上网玩游戏，彻夜未回家。

案发后，当地公安机关迅速组织力量进行侦办，次日将三名犯罪嫌疑人抓获。三人均为留守儿童青少年，其中有 1 人父母离异，平时由爷爷、奶奶监护。三人都是廉桥当地人，分别就读初三、初二和小学六年级。

资源来源：https://new.qq.com/cmsn/20151023/20151023001105。

是什么让这些处境艰难的青少年将教师活活打死？

冷漠——缺乏对受害者的共情 → 反社会人格
无法体验内疚和羞愧 → 反社会人格

古吉慧（心理咨询师、社会工作师、宜宾学院心理学副教授）：“在这个案例中，我们感觉到弑师少年情感的麻木与冷漠，缺乏对受害者的共情，无法体验内疚和羞愧。长此以往，容易形成反社会人格。”

陈世海（云南大学社会学博士、宜宾学院教授）：“在这个案例中，我们看到了网络游戏对未成年人的危害，校园周边网络急需清理。同时，还看到由于家庭教育的极度空缺，基本处于空白期，加上青春期发展的特殊性，青少年容易受社会不良青年的影响和同伴的影响，不良的社会支持系统具有负效应。”

刘浪（律师、宜宾学院讲师）：“这个案例具有以下特征：低龄化和与其年龄极不相称的残忍作案手段；监管缺失和恶劣外部成长环境导致直接恶果；现行法律规定缺乏有效的约束；涉案未成年人既是加害者，本身又是受害者。案例带给我们一个非常残酷的现实：他们未满 14 周岁，虽然犯罪，但不承担刑事责任。未成年人也会通过各类渠道接收信息，当他们明白自己所处的年龄阶段和应该有的社会监管缺位时，就可能产生为所欲为的想法，会做出侵害社会的严重的事情。留守群体及周边人的法律意识急需强化，相关法律也需要不断完善。”

何奎莲（心理督导师、社会工作师、宜宾学院心理学教授）：“青春期本来就是一个特殊时期，这个时期的青少年自我意识急剧发展，身心能量迅速增强，同伴和网络的影响日渐加剧，但他们的前额叶发展几乎处于停滞状况，自我控制能力和理性弱，身心冲突大，更需要成年人的高质量陪伴和社会的有效支持。遗憾的是，留守青少年在生命早期缺了父母的有效陪伴，青春期父母继续教养缺位，而补位的网络起到反面示范作用，同伴相互不良影响，酿成此悲剧。如果我们不曾被别人温柔以待，怎么能将他人温暖以待？家庭的贫困并不可怕，可怕的是精神贫困；留守本身也不可悲，可悲的是心灵留守。”

何奎莲访谈陈世海教授

※ **知识拓展**

儿童品行障碍的识别与应对

（1）品行障碍是什么？

品行障碍是指在各方面都持续表现出以攻击、破坏、欺骗和严重违纪为特征的问题行为模式，既是中小学生最常见的问题，也是导致犯罪行为、成年期社会适应失调的重要原因。

如何判断品行障碍？在过去一年里出现以下行为标准中的至少三个（在过去半年里出现至少一个）：①对人或动物表现出攻击性，在身体上残忍地对待人或动物，当面行窃；②破坏财物；③欺骗或者偷窃；④严重破坏规则。

品行障碍的致病原因包括神经生物学、遗传因素、环境因素三个方面。这些因素很有可能相互影响、交互作用，从而影响品行障碍的发生。

品行障碍一般发生在16岁以前，其发展历程是多变的，大多数人的行为障碍会在成年后消失，但是也有相当多的人最后会发展成反社会人格障碍，这是一种对他人和社会具有最严重危害的人格障碍。所以，对品行障碍儿童的早期识别和干预是非常重要的。预警信号是品行障碍出现的标志，主要的预警信号就是残忍地对待动物。

我们不满14岁，打死人不用坐牢。

——弑师少年

一般的小孩子早就吓坏了，但他好像什么事都没发生过一样，若无其事的样子。

——警察

（2）如何应对品行障碍？

品行障碍儿童的干预主要包括以下几个方面：

一是父母管教技能培训。父母管教技能培训是品行障碍最有效的干预方法。对留守儿童而言，要通过训练，提高其法定监护人（父母）和实际监护人（如祖辈）的管教能力。对留守儿童而言，老师除了要指导其实际监护人，还可以利用春节期间务工人员返乡的机会，指导法定监护人（留守儿童的父母）如何远程与孩子互动并实施正面管教。

二是针对留守儿童开展问题解决技能训练，步骤如下：第一步，引导儿童全面认识问题情境，尤其是意图不明的情境；第二步，引导儿童用语言而不是用冲动行为来对问题情境做出反应。第三步，和留守儿童讨论问题的多种可能解决办法；第四步，和孩子一起评估各种解决方法可能的结果；第五步，引导儿童考虑他人的想法和感受。

三是转介。若上述策略无法矫正孩子的品行障碍，则需要专业人员或机构的介入，或者进入特殊的环境进行矫正。

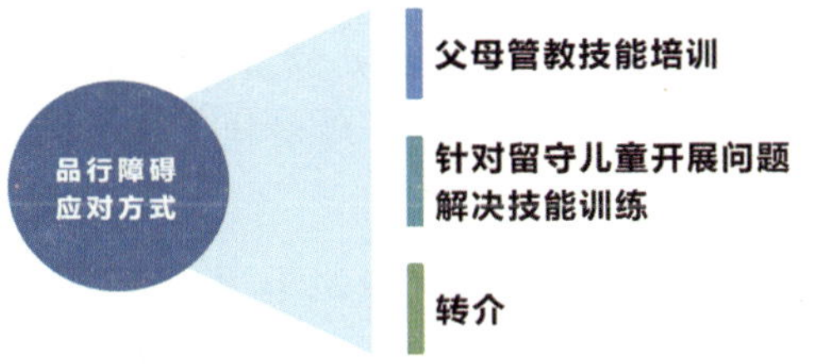

品行障碍应对方式

※ 案例回放

与世隔绝的小玲

小玲，女，16岁，住校，周末回家。父母外出打工，与爷爷、奶奶生活，家离镇上很远，没有公交车到达，回家要走很远的山路。在某个周末回家途中，被尾随的社会不良青年性侵。小玲不敢告诉任何人，担心被人嘲笑，也担心性侵者报复。很长一段时间失眠、痛哭。因害怕独自回家而不想上学，但是又不敢不去学校，常常做噩梦。而后变得麻木，回避跟异性的接触，不参加任何活动，无法融入宿舍及班级生活。

※ 知识拓展

儿童创伤后应激障碍的识别与应对

（1）创伤后应激障碍是什么？

创伤后应激障碍是一种暴露于极端创伤性事件后出现焦虑障碍相关症状的心理障碍。这些极端创伤性事件包括遭受或目睹暴力性的个人攻击、自然或人为灾难以及事故。对于某些敏感的儿童，低强度创伤性事件也会引发创伤后应激障碍。低强度创伤性事件包括弟弟或妹妹的降生、母亲怀孕、父母分居或离婚、搬家、转校、和好朋友关系破裂、与男朋友或女朋友分手、父母入狱、生活水平降低、被迫离开家庭等。

创伤后应激障碍的诊断标准主要有三个：创伤事件的闪回（再体验），对类似事件的回避或麻木，类似创伤事件的唤醒增强。需要注意的是，患有创伤后应激障碍的儿童的行为方式会有所不同，他们的症状更多地以各种各样的焦虑问题表现出来。

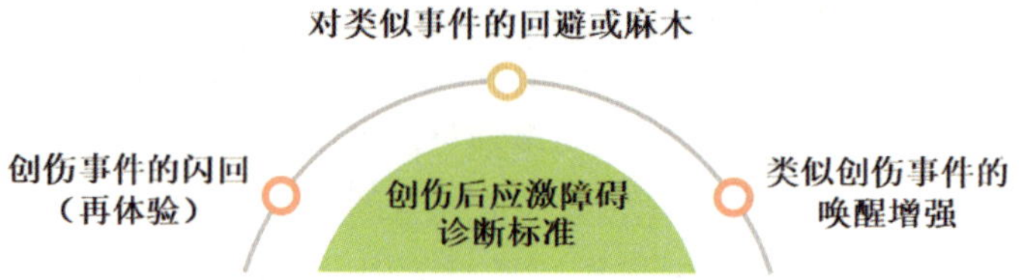

创伤后应激障碍的诊断标准

如果不加以干预，创伤后应激障碍可能给儿童身心健康造成严重伤害，导致儿童适应困难，带来其他童年期问题，严重影响儿童生活质量和人格成长。

（2）如何应对儿童创伤后应激障碍？

对于遭遇创伤性事件的孩子，早期识别和及时干预有利于康复。干预包括两部分：①最初的危机干预。创伤性事件发生后，最初的危机干预旨在确保个体生理和情绪上的安全，并重新建立起社会支持系统，帮助孩子重新获得安全感。②次级危机干预。在最初干预之后，我们需要对儿童的家长进行心理教育，给家长一些支持和指导，让家长理解孩子的遭遇及心情，使家长能够调整好自己的心态，为孩子提供有效支持和关爱。同时，教师可以直接帮助儿童。学校教师是接受过专门训练的专职教育工作者，是儿童信任的对象，因而教师可以在教学中、私下交流中为受伤儿童提供帮助，给予孩子一些特殊的照顾和关注。心理教师可以指导受伤儿童一些情绪管理的技术，帮助孩子完成心理重建，恢复正常的学习和生活。

在干预中，家长、学校教师、心理专家要形成合力，为受伤的孩子提供强大的系统支持。此外，创伤后应激障碍是非常复杂的心理疾病，需要专业的干预，所以将受伤的孩子转介给心理学专业人员是十分必要的，教师主要配合专业人员做一些辅助的工作。

有人说：“对于经历创伤性事件的孩子，就应该让他们休学回家，慢慢休养康复。”

目前，没有专门的学校去帮助遭遇创伤性事件的孩子。如果在经历创伤事件后，再失去学习机会及家庭支持，对于年幼的他们，无疑是雪上加霜。

让儿童坚持接受教育对其终生幸福非常重要，创伤后应激障碍的儿童需要继续学业。在儿童遭受创伤过后帮助儿童尽快回到过去的生活节奏中，也有利于儿童获得安全感，帮助他们自然康复。因而，学校要成为创伤后应激障碍的学生的康复地，学校和老师需要学习一些特殊的策略来帮助这些孩子尽快康复。

此外，更需要学习的是家长。家长的不理解会成为受伤害孩子的二度创伤源。家长也需要学习一些特殊的策略来陪伴和支持孩子，为受伤的孩子撑起本来就该有的保护伞。

最后，政策的健全、法律的落地、文明的提升、环境的安全、社会的良性运行才是预防孩子受伤害的最大保护伞，也是为受伤害孩子提供支持的最有效保障。

※ 案例回放

痛并快乐着的小强

小强，男，12 岁，就读于四川某县乡镇中心校小学六年级。婴幼儿时期跟随父母、爷爷奶奶外出在嘉兴工厂打工。父母忙于工作，小强由奶奶负责照顾。奶奶没有文化，不善言辞，极少与小强交流。小强先后在工厂附近私立幼儿园、小学就读。在小强小学四年级时，考虑到升初中的问题，父母将小强转回户籍所在地学校读书，爷爷奶奶也随之回老家农村生活。小强在外地出生及读书，从小说不太标准的普通话，也会说一些嘉兴本地话和四川话。在嘉兴读书期间，小强曾因发音被当地小朋友嘲笑。小强回到老家读小学后又被老家小朋友嘲笑，他们说他像洋鬼子、假汉堡。小强感觉特别孤独、难受，想反驳，又不知道该怎么办，认为自己一无是处。在一次被同学嘲笑时，小强用钢笔尖戳伤自己手腕，心里感觉舒服一些了。从此只要感觉不舒服，小强就用钢笔尖戳自己。后来发展到用刀子划手腕。他在日记中写道：

我用刀子割着自己，看着血珠如花般绽放，体会着痛并快乐的惬意。

※ 知识拓展

自伤行为的识别与应对

（1）什么是自伤行为？

自伤也称为非自杀性自伤，指在无自杀企图的情况下，为减少心理痛苦而进行的、有意的、影响自身的低致命性伤害。自伤行为的发生年龄大多是在 13 ～ 15 岁，也就是在刚刚进入青春期的年龄，也有少数青少年表示他们首次自伤的年龄是在 12 岁以前。自伤行为的主要功能是减少痛苦，其次是引起注意，还有就是控制他人。最常见的自伤行为是割伤皮肤，大部分人选择割伤的部位是前臂。自伤行为的致病原因有五个：生物学因素，心理因素，社会因素，个人经历不幸，周围有自伤者。自伤行为的预警信号有三个：一是情绪问题和低自尊；二是随身携带自伤工具；三是人际关系和人际行为突变。上述案例中，小强随父母、爷爷奶奶流动，然后因读书问题回到老家农村，因语言被同学嘲笑导致情绪问题和低自尊，内心痛苦无法及时得到老师和家长的疏导，自己也没有排解方法，于是采用了戳伤手腕的自我伤害行为来缓解内心痛苦。

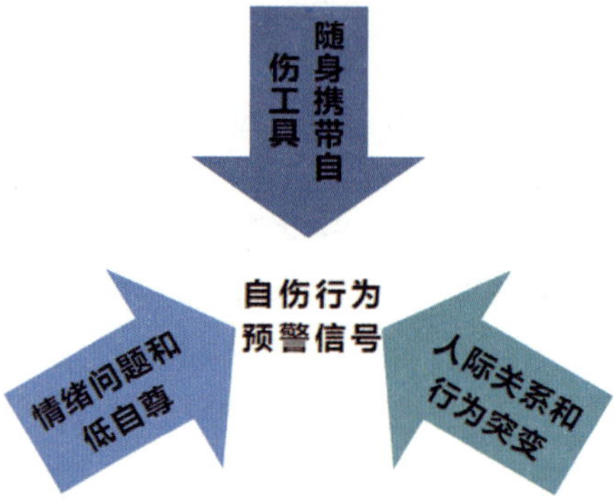

自伤行为预警信号

（2）如何应对自伤行为？

把自伤看作儿童主动应对自己内心痛苦感受的方式。协助儿童找到新的应对自己内心痛苦感受的方式来替代自伤行为。在对自伤者进行干预和陪伴时要做到六不能六要（见表1.2）：

表1.2　对自伤者进行干预和陪伴时的六不能六要

六不能	六要
不能惩罚自伤的儿童	要应用非评判的、科学的方式帮助他
不能说任何让自伤者感到内疚或羞愧的话	要尝试去理解他
不能对学生的自伤行为表现出震惊或惊恐	要用一种平静的方式对待他
不能在班上或他的同伴面前谈论学生的自伤	要保护他不再受其他伤害
不能教育学生应该怎么做	要让学生知道你相信他的潜力
不能为了让他停止自伤而与其达成协议，或对其许下无法实现的承诺	要温柔地坚持底线

如果儿童自伤行为没有改变，家长和教师要尽快寻求专业人员的帮助，将其及时转介给心理健康老师或心理咨询师，必要时转介到医院心理科门诊。

需要强调的是，有问题的留守儿童只是留守儿童群体中的极少部分，我们不能据此污名化留守儿童。

留守儿童群体中确诊心理疾病或具有道德行为的问题的孩子只是其中极少部分，更多的留守儿童是积极的、健康的。我们更好奇的是，是什么力量促使这些处于困境的孩子积极健康成长的？所以，与“缺陷 / 问题”视角相比，我们更想从“优势 / 资源”视角探讨留守儿童应对困难处境的自身资源及周边支持系统。

留守儿童问题的根源在于社会支持系统的不完善，不是留守儿童自身有问题。

不管是情绪问题、品德障碍、自伤问题还是创伤后应激障碍，其致病原因都与依恋、分离、亲子关系、教养方式、社会支持系统的缺损或不完善有关，而非留守儿童自身有问题。

留守儿童问题的解决是一个正在行进中的社会系统工程。农村留守儿童问题产生的根本原因是我国长期实行的城乡二元经济体制和二元户籍制度以及由此产生的“三农”问题、农民工问题。导致其产生的具体原因是农民工家庭问题、学校教育与管理问题、农村社区问题、政府政策问题。乡村振兴、教育均衡都为该问题的解决提供了强大的政策支持。

我们期待的：

政府和社会能为家长提供有效的支持，支持家长保障陪伴孩子的时间，同时提升家长养育孩子的能力，特别是心理养育的能力，为留守儿童健康发展建立第一道安全屏障。

教师、志愿者可以通过学习陪伴和支持留守儿童的有效方法与技术，成为留守儿童社会支持系统中的一个强有力的部分，尽我们所能地减少留守儿童心理行为问题的发生。

教师、家长还需要具体心理问题识别与应对的技能，及时发现孩子可能的确存在心理问题。家长一定要及时带孩子去医院或专业机构进行诊断和干预治疗。

我们能做的：

以发展的、欣赏的、开放的眼光，通过问卷、访谈、作品走进他们的心理世界，去深入了解他们的苦与乐、泪水与欢笑、困境与资源、期待与力量；然后利用专业技能为他们提供他们需要的心理服务，陪伴他们积极健康成长；同时为关爱他们的教师、家长、志愿者、政府工作者提供相应的培训，协助他们更好地了解留守儿童的心理特点，提升关爱能力。

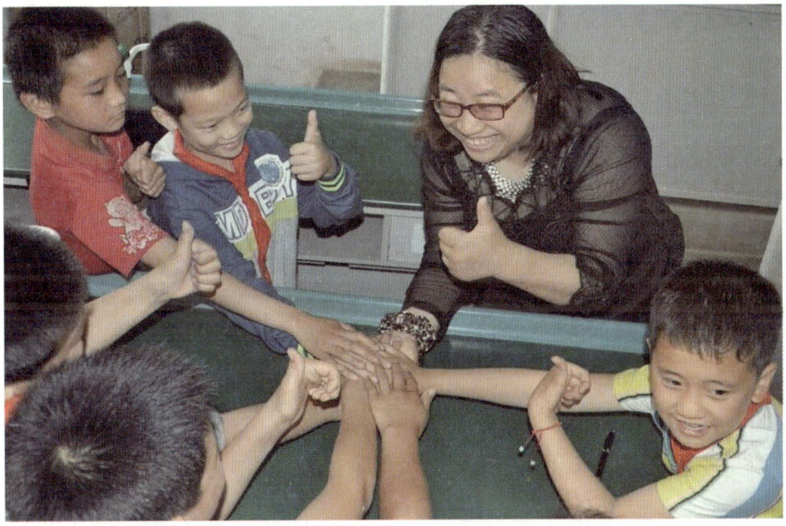

志愿者何旭霞在曲洲中心校开展留守学生团体辅导

第三节　留守儿童状态如何

为了解留守儿童的心理状态，研究者采用了问卷调查、访谈法了解该群体的个体心理状态、家庭功能及社会支持情况，通过叙事研究法、作品分析法整理分析曾留守者的心路历程、积极资本、影响因素，并根据调研结果提出留守儿童心理社会工作的具体策略。

一、问卷调研

（一）调研工具及对象

1. 调研工具

留守儿童个人基本情况问卷包括性别、年龄、就读年级、就读学校类型、家庭排行、主要照顾者情况 6 个项目，由研究者自行设计，主要收集研究对象的社会人口统计学资料、留守状况等资料。

《心理健康状况量表》选自《中国人心理健康量表》，共 10 个题目，采用五点反向计分，结果转化后得分越高表示心理健康水平越高。

积极心理资本问卷：本调查采用的是张阔等编制的积极心理资本问卷。该问卷包含自我效能、韧性、希望、乐观四个维度，共 26 个项目。积极心理资本由各维度得分总和判定，得分越高，各个维度上表现越好，心理越积极。

《主观幸福感量表》由段建华根据美国国立卫生统计中心制定的总体幸福感量表 (Fazio，1977) 修订，包含对健康的担心、精力、对生活的满足和兴趣、忧郁或愉快的心境、对情感和行为的控制以及松弛与紧张（焦虑）6 个分量表，共 33 个项目。总体幸福感程度由各分量表得分总和判定，得分越高，幸福度越高。

《心理虐待与受忽视量表》由邓云龙等编制，包括心理虐待分量表、忽视分量表两个分量表。心理虐待分量表包含责骂、恐吓、干涉三个维度，忽视分量表包含情感忽视、教育忽视、身体监督忽视三个维度。共计 30 个项目，在心理虐待与受到的忽视各维度上越多，总和越高，儿童受到的心理虐待与忽视越多。该量表主要用于调研就读幼儿园和小学的留守儿童。

《家庭亲密度和适应性量表（中文版）》由 Olson 等于 1982 年编制，由山洪其杰、赵靖平、费立鹏等翻译为中文，并由邹定辉、周远东、费立鹏修订。该量表包括两个分量表，共有 30 个项目，主要从家庭亲密度和适应性两方面来评价家庭功能。该量表主要用于调研就读初中、高中的留守儿童。

《领悟社会支持量表》由 Zimet 等编制，包含家庭支持、朋友支持、他人支持三个分量表，共计 12 个项目，总社会支持程度由总分判定，得分越高，在各分量表、总量表上感受到的社会支持度越高，反之越低。（姜乾金：《领悟社会支持量表》，转引自汪向东、王希林、马弘《心理卫生评定量表手册（增订版）》，中国心理卫生杂志社，1999。）

为便于不同心理特征间的相互比较及降低作答难度，以上所有心理特征调查均采用5点计分方式进行，从完全不符合到完全符合，其中1表示完全不符合，2表示基本不符合，3表示不清楚，4表示基本符合，5表示完全符合，得分越高表明该心理特征越突出。调查完成后将所有调查结果录入SPSS统计软件，并分别统计留守儿童在各心理特征每个维度及整个量表上的平均得分作为其心理状况的指标进行更进一步分析。

2.调研对象基本情况

共调研1 355名留守儿童，有效对象1 193人，其中四川542人、贵州343人、云南308人。留守儿童年龄分布在5～18岁，平均年龄11.9岁。

在调查过程中，由接受过访谈培训的心理学专业师生进学校、进社区、进家庭开展问卷调查，并对部分研究对象进行了访谈。

留守儿童分布特征：农村留守儿童遍布汉族和少数民族家庭，说明无论是汉族家庭还是少数民族家庭，成人外出务工都成为一种常态；农村留守儿童以非独生子女为主，大多数父母每年回来探望一次，留守期间多由爷爷奶奶（65.9%）照顾，说明隔代教养是当前留守家庭的主要教养方式；大部分留守儿童能够与外出父母主动联系，联系方式以电话联系为主，且联系频率较高（大部分可以达到每月一次或更多），网络联系也成为留守儿童与父母联系的一种常用方式，说明留守家庭的亲子沟通渠道畅通，沟通方式多样；5～13岁留守儿童大多就读于乡村学校，以走读为主，13～18岁留守儿童多就读于县城或乡镇中学，以住校为主。

（二）调研结论及启示

1.留守儿童心理状态

（1）留守儿童整体心理状况良好。总体结果分析发现，留守儿童在心理健康、社会支持、积极心理资本、主观幸福感等心理特征上平均得分均显著大于量表中值3分（不清楚），$p<0.01$，表明留守儿童心理状况总体较好，整体呈正向性。在社会支持、积极心理资本、心理健康、主观幸福感方面都偏向于积极评价。在心理虐待量表和忽视量表上，5～13岁留守儿童得分均显著低于3分，说明农村留守儿童整体感受到的心理虐待和忽视情况较轻，相关问题并不突出。

（2）有一定比例的留守儿童存在消极心理。研究显示，各维度得分明显低于4分，说明留守儿童在以上心理特征上仍有较大提升空间。为了解留守儿童在各心理特征上问题突出群体所占比例，研究者统计了在各积极心理特征相关量表评分2.5分以下以及在消极心理特征相关量表评分3.5分以上的比例（简称“检出率”）（见表1.3、表1.4）。根据心理量表评分结果基本符合正态分布的特点，平均分2.5分以下意味着个体在相关题目上超过50%选择了“基本不符合”或“完全不符合”，即个体相关积极心理特征总体偏向于消极。消极心理特征上3.5分以上表示相关问题较为突出。

结论：5～13岁留守儿童在朋友支持、其他支持、自我效能感、心理韧性等积极心理特征维度上以及在责骂、恐吓、干涉等消极心理特征维度上检出率较高（均接近或超过10%），这部分留守儿童感受到的朋友支持、其他支持较少，自我效能感较弱，心理韧性较差，对生活不够充满希望，同时感受到的责骂、恐吓、干涉较多。13 ～ 18 岁留守儿童在家庭支持、朋友支持、自我效能感、乐观等维度上 2.5 分以下比例接近或超过 20%，在心理韧性、希望、其他支持等维度上 2.5 分以下比例超过 10%（见表 1.4），说明该部分留守儿童从家庭、朋友、社会等方面感受到的支持力度不足，自我效能感较弱，缺乏自信，心理较为脆弱，缺乏耐心和毅力，生活主观幸福感较弱，积极心理资本不高，对生活不够乐观，缺乏希望感。

表1.3　留守儿童各心理特征总体状况统计表（5～13岁）

心理特征	N	均值	标准差	检验值	t	p	检出率
家庭支持	588	3.74	0.88	3	18.68	<0.001	6.6
朋友支持	588	3.51	0.89	3	12.72	<0.001	12.8
其他支持	588	3.75	0.93	3	17.98	<0.001	10.2
社会支持	588	3.67	0.75	3	19.80	<0.001	4.1
自我效能感	588	3.22	0.72	3	6.84	<0.001	14.3
韧性	588	3.29	0.63	3	10.22	<0.001	9.2
希望	588	3.53	0.79	3	14.96	<0.001	8.2
乐观	588	3.61	0.86	3	15.82	<0.001	5.6
积极心理资本	588	3.41	0.55	3	16.77	<0.001	5.6
责骂	588	2.56	0.91	3	−10.80	<0.001	13.8
恐吓	588	2.43	0.95	3	−13.41	<0.001	11.7
干涉	588	2.35	0.85	3	−16.93	<0.001	9.7
心理虐待	588	2.44	0.75	3	−16.47	<0.001	6.6
情感忽视	588	2.44	0.81	3	−15.33	<0.001	7.7
教育忽视	588	2.19	0.80	3	−22.71	<0.001	6.1
身体监督忽视	588	2.06	0.93	3	−22.27	<0.001	8.2
受忽视	588	2.23	0.74	3	−22.97	<0.001	3.6
心理健康	588	3.82	0.74	3	24.57	<0.001	4.6
主观幸福感	588	3.49	0.60	3	18.29	<0.001	0.6

注：社会支持、积极心理资本、心理健康、主观幸福感等心理特征检出标准 2.5 分以下，儿童心理虐待和受忽视量表检出标准 3.5 分以上。

表1.4　留守儿童总体心理状况统计表（13～18岁）

	N	极小值	极大值	均值	标准差	量表中值	2.5 分以下（%）	t	p
心理健康	605	1	5	3.55	0.67	3	7.0	10.73	<0.001
家庭支持	605	1	5	3.36	0.94	3	18.6	5.03	<0.001
朋友支持	605	1	5	3.35	1.00	3	27.9	4.55	<0.001
其他支持	605	1	5	3.56	0.86	3	15.1	8.51	<0.001
总体社会支持	605	1	5	3.42	0.81	3	15.1	6.81	<0.001
自我效能感	605	1	5	2.98	0.68	3	20.9	−0.47	0.64
心理韧性	605	1	5	3.20	0.57	3	16.3	4.54	<0.001
希望	605	1.33	5	3.39	0.68	3	12.8	7.49	<0.001
乐观	605	1	5	3.16	0.69	3	18.6	2.97	0.03
积极心理资本	605	1.4	5	3.18	0.44	3	9.3	5.34	<0.001
主观幸福感	605	1.44	4.89	3.19	0.46	3	4.8	5.51	<0.001
家庭亲密度	605	36	92	62.42	8.73	自由			
家庭适应性	828	16	68	43.98	8.33	有规律			

启示：留守儿童群体需要科学、持久的心理关爱，对存在消极心理的部分留守儿童的关爱更是迫在眉睫，需要专业人员对他们开展专业的心理辅导和咨询，并强化其社会支持体系。

2. 留守儿童家庭亲密度与适应性状况

在家庭亲密度上，留守儿童表现为自由型（32.6%）和亲密型（34.9%）的比例较高，但同时缠结型和松散型的比例也分别达到了 18% 和 14.5%。在家庭适应性上留守儿童表现为僵硬型的比例最高达到 40.1%，有规律型和灵活型比例共计 53.9%。从总体家庭亲密度和适应性类型上看，农村留守儿童仅有 40.4% 属于平衡型，同时有 19.1% 属于极端型。

结论：在家庭亲密关系上部分留守儿童不能与家庭成员（尤其是父母）形成亲密的依恋关系，造成亲子关系淡漠，或者因父母不在身边缺少关爱和安全感而对其他家庭成员过分依赖。由于父母不在身边，缺少有效沟通和互动，留守儿童很多时候只能被动接受父母和其他亲人安排，在家庭适应上很多留守儿童（40.1%）以被动接受（僵硬型）为主。

启示：要特别注意留守儿童早期依恋关系的维护。如果与家庭成员无法建立良好的关系，儿童极易将依恋对象转到家庭之外的同龄伙伴甚至社会不良青少年群体中，从而引发另外的危机。

3. 留守儿童心理健康的影响因素

（1）性别、年龄对留守儿童的影响。

①性别对留守儿童心理特征的影响：留守男童受到的朋友支持显著多于女生，生活态度上了比女生乐观，男童受到的心理虐待和各种忽视也显著多于女生，导致其主观幸福感显著低于女生。

启示：要重视对男性留守儿童的关爱，切实提升他们的主观幸福感。

②年龄对留守儿童心理特征的影响：留守儿童年龄与其他支持、干涉、教育忽视、身体监督忽视等心理特征间存在弱的显著负相关，与希望心理品质间存在显著正相关，即农村留守儿童年龄越大，获得的其他支持越少，感受到的干涉、教育忽视和身体监督忽视越少，同时对生活也更加充满希望。

启示：留守经历对年龄较大的留守儿童心理影响可能更严重，需要给予关注。

（2）家庭对留守儿童心理健康的影响。

①家庭的来源地对留守儿童心理状况的影响。留守儿童家庭的来源地与其心理状况有密切的关系，表 1.5 是来自村组、乡镇与县城的儿童的心理状况比较。

表1.5　不同家庭来源的留守儿童在心理状况上的差异

		人数	平均值	标准差	*F*	*Sig.*
心理健康状况	村组	852	3.14	0.77	3.164	0.046
	乡镇	226	3.43	0.51		
	县城	115	3.53	0.62		
社会支持状况	村组	852	3.03	0.76	2.517	0.085
	乡镇	226	3.25	0.73		
	县城	115	3.41	0.73		
积极心理资本	村组	852	2.67	0.53	0.502	0.606
	乡镇	226	2.89	0.46		
	县城	115	2.99	0.45		
家庭亲密与适应	村组	852	3.16	0.67	3.503	0.033
	乡镇	226	3.36	0.46		
	县城	115	3.54	0.78		
总体幸福感	村组	852	2.97	0.67	2.391	0.096
	乡镇	226	3.07	0.45		
	县城	115	3.39	0.82		

从表 1.5 可以看出，无论是在哪一个指标上，县城家庭的留守儿童皆有高于乡镇家庭留守儿童的趋势，而乡镇家庭的留守儿童皆有高于乡村家庭留守儿童的趋势。个别访谈显示，县城家庭获得的各种资源较多，而乡村家庭得到的各种资源较少。一般而言，资源的多少决定人们心理支持网络的厚薄，从而影响人们的整体心理状况。

启示：为了改善留守儿童的整体心理状况，给予其家庭较多的实在的资源（包括物质资源、政策便利以及心理教育上的支持）是非常重要的。

②居住情况对留守儿童心理特征的影响。课题组调研发现，独居留守儿童受到的其他支持显著最少，心理韧性最差，同时受到的责骂和恐吓也少于由祖辈或其他亲戚朋友照料的留守儿童；在情感忽视和身体监督忽视维度上，独居留守儿童受到的忽视均显著高于有照料者的留守儿童；独居留守儿童心理健康水平显著高于有照料者的农村留守儿童。虽然独居的农村留守儿童受到的忽视最多，得到的各类支持最少，心理韧性最差，但同时他们受到的责骂、恐吓也最少，反而心理健康状况相对最好；而跟祖辈生活在一起的农村留守儿童由于受到的责骂、恐吓较多，心理健康状况最差。简单的陪伴并不一定能够提高留守儿童身心健康水平，甚至会影响其身心发展，尤其是留守家庭中教养观念落后的祖辈的陪伴和照料不仅不能改善农村留守儿童的身心状况，甚至还会起负面作用。

启示：要关注留守儿童的心理需要，为他们创造有利于身心成长的外部环境。

③与父母沟通方式对留守儿童心理特征的影响。课题组调研了与父母沟通联系方式不同的留守儿童在各心理特征维度上的差异状况。

在与父母沟通联系方式上，父母主动联系的留守儿童感受到的责骂、恐吓、干涉、情感忽视、教育忽视以及身体监督忽视得分均较高，研究结果表明，外出父母主动与留守儿童联系的内容更多的是对儿童的日常生活、行为的约束和教育，缺少对儿童积极正向的鼓励引导，表达情感上的关怀，从而使留守儿童在主观感受上感觉到更多的忽视、责骂和干涉。

启示：要重视留守家庭亲子关系的干预，尤其是父母教育方式和亲子相处沟通模式的干预，这在一定程度上可以改善留守儿童的心理状况，毕竟父母的理解与支持才是儿童爱的最重要来源。

④父母每年回家看望次数对留守儿童心理特征的影响。课题组调研了父母回家次数不同的留守儿童在各心理特征维度上的差异状况。

在父母每年回家看望次数上，父母多次回家看望（平均 6.75 次 / 年）的农村留守儿童感受到的社会支持整体水平以及个人自我效能感、乐观、主观幸福感等积极心理特征上都显著低于父母每年回家看望次数为 0 次、1 次和 2 次的留守儿童，且在受忽视量表情感忽视和身体监督忽视维度上显著多于后三者。而父母每年回家 1 次的农村留守儿童在心理虐待分量表的责骂、干涉维度上显著高于其他父母回家探望情况，但同时其心理健康水平也显著高于其他情况。其原因可能在于父母多次回家看望导致儿童对父母产生更多的依赖心理，这种依赖心理使这类留守儿童在父母离开时产生较大的落差与失望，从而影响其主观幸福感、积极心理资本、社会支持感受情况，而父母每年回家次数很少的留守儿童平时更多的是独自承担，并且习惯了独当一面，受到父母回家的影响较小。同时，每年回去 1 次的父母由于回家次数少，更加关注留守儿童状况，对他们的干涉和责骂更多。外出家长回家探望留守儿童的次数多少并不是影响留守儿童身心状况的决定因素，而与留守儿童的沟通和教育方式才是影响留守儿童身心状况的关键。

启示：要重视外出家长亲子养育技能的培训和不良教养方式的矫治，为留守儿童营造良好的家庭成长环境。

（3）学校对留守儿童心理健康的影响。

①学校情况对留守儿童心理特征的影响。在乡村就读的留守儿童受到的朋友支持、感受到的希望和主观幸福感均显著低于在城镇上就读的留守儿童；在乡村学校就读的农村留守儿童受到的责骂、干涉、情感忽视和教育忽视显著高于在城镇学校就读的农村留守儿童。在中心学校就读的农村留守儿童在获得的社会支持、积极心理资本、主观幸福感和心理健康等心理特征上都显著高于在乡村学校就读的农村留守儿童，而在受忽视各维度上均显著低于在乡村小学就读的农村留守儿童。在寄宿制学校就读的农村留守儿童在获得的社会支持、个体积极心理资本各维度上及主观幸福感等心理特征上都显著低于在非寄宿制学校就读的农村留守儿童，而受到的恐吓显著高于非寄宿制学校就读的农村留守儿童。

启示：在农村留守儿童关爱中需要社会各界努力为他们创造良好的受教育环境，重视发挥学校教育的积极作用。

②就读层次对留守青少年心理特征的影响。留守儿童的家庭支持、朋友支持、其他支持、自我效能感、希望、乐观、主观幸福感、家庭亲密度、适应性上，都呈现出学历层次越高，相关心理特征得分越高。总体社会支持、积极心理资本、主观幸福感、家庭亲密度和适应性均与年龄呈显著正相关，即随着年龄增长，留守青少年各心理特征获得了相应发展。为了进一步辨别教育（学历层次）与自然成长（年龄）对个体心理特征发展的影响，研究者以学历为控制变量计算年龄与心理特征间的偏相关，结果发现年龄与社会支持、积极心理资本、主观幸福感、家庭亲密感和适应性等心理特征间存在显著正相关性，但相关系数都有不同程度降低，并且在控制了就读年级之后，年龄与家庭支持和希望间的相关性由显著变为不显著，而与心理健康的相关性由不显著变为显著正相关。教育和生理成长共同促进留守儿童相关心理特征的发展。留守儿童成长过程中教育起着重要促进作用。教育不仅是改变贫困的不二法宝，对留守儿童的意义同样重大。

启示：让更多的留守儿童接受更好的教育，强化留守儿童的学习辅导，提升其学历水平和学习效能，能为留守儿童提供强有力的心理支持。

③教师对留守儿童的影响。儿童的心理状况还与学校的环境有关。本次调查涉及教师的作用，见表 1.6。

表1.6　教师关注与留守儿童心理状态的关系

教师关注		*N*	均值	标准差			
心理健康状况	很少关注	685	3.10	0.74	–2.446	133	0.016
	较多关注	508	3.41	0.70			

续 表

教师关注		N	均值	标准差			
社会支持状况	很少关注	685	2.98	0.73	-3.037	133	0.003
	较多关注	685	3.37	0.73			
积极心理资本	很少关注	685	2.80	0.48	-3.123	133	0.002
	较多关注	685	3.07	0.49			
家庭亲密与适应	很少关注	685	3.09	0.66	-3.098	133	0.002
	较多关注	685	3.44	0.62			
总体幸福感	很少关注	685	2.90	0.57	-3.254	133	0.001
	较多关注	685	3.26	0.70			

表 1.6 显示：那些“认为教师较多地关注自己”的留守儿童有更积极的心理状况，而“认为教师较少关注自己”的留守儿童有较消极的心理状况。对于这一结果，可以从两个方面进行解释：一是性格较为开朗或者性格较好的留守儿童会更多地主动与老师或同学联系，自然觉得老师会主动关注、爱护他们，所以他们的心理状况好许多；二是那些性格较消极的留守儿童由于不善于与别人主动交往，所以会自我感觉老师不太关注、关爱他们，这导致更糟糕的心理状况。很多研究都表明教师对孩子的关注与关爱确实可以影响孩子的心理状况。

课题组还调研了留守儿童遇到问题的处理方式（见下图），发现留守问题的处理方式中求助教师的占 41.2%，排第一。由于父母不在身边，留守儿童可能更为依赖、信任教师。

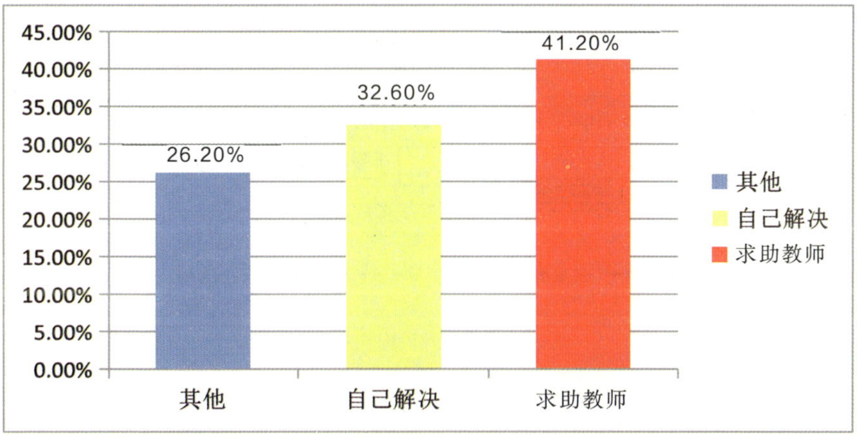

留守儿童遇到问题的处理方式

启示：教师是家庭教养不足时最好的补位者。在帮助留守儿童时，也应该对其所在学校的教师进行一定的指导与教育，让他们掌握留守儿童的心理特点，提升关爱能力。

4. 留守儿童心理健康的预测

留守儿童积极心理特征间两两均存在显著的正相关（见表 1.7）。

表1.7 各心理特征间的相关矩阵表

总体幸福感	总体幸福感	积极心理资本	心理健康正向	社会支持	心理虐待	受忽视
积极心理资本	1.000					
心理健康正向	0.452	1.000				
社会支持	0.485	0.261	1.000			
心理虐待	0.430	0.601	0.290	1.000		
受忽视	−0.463	−0.122	−0.386	−0.228	1.000	
总体幸福感	−0.554	−0.218	−0.396	−0.306	0.728	1.000

表 1.7 显示，留守儿童心理健康、积极心理资本、社会支持、总体幸福感等积极心理特征间两两均存在显著的正相关，忽视和心理虐待间存在显著正相关，并且均与上述积极心理特征间存在显著负相关。留守儿童获得的家庭支持及社会支持越多，受到的忽视与心理虐待（恐吓、干涉）越少，积极心理资本越好，心理健康状况越好，主观幸福感越强，见下图。

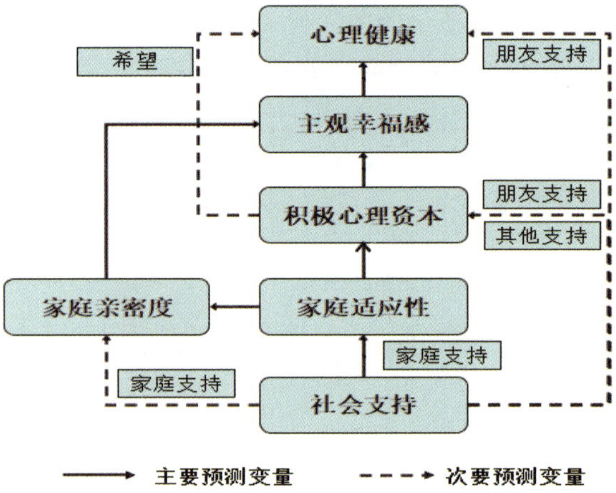

留守儿童心理健康产生机制

启示：留守儿童心理健康维护是一个系统工程，需要从三个方面入手：①政府和社会给予留守儿童更多的社会支持，构建积极心理支持体系；②对留守儿童的父母及其他教养人进行辅助，提升他们的教养技能，减少其受忽视和心理虐待的感受与机会，以便改善留守儿童的家庭亲密感与适应感；③通过心理援助的方式，增加留守儿童的积极心理资本，增强他们应对挫折与社会适应的能力，增强他们的主观幸福感，促进其心理健康发展。

二、生命叙事作品分析

课题组从社会工作的思路和视角出发，整合当地团委、民政、教育等部门，开展了“在留守中成长”叙事研究及作品分析研究。有 178 名志愿者参与了叙事活动，征集摄影作品

100 多幅，征文 100 余篇。此外，收集绘画作品 3 000 余幅。

对征文、演讲文稿的分析显示：留守经历是儿童青少年成长历程中的重要事件，留守历程对留守儿童青少年有巨大影响，包括对儿童青少年的消极影响和积极影响两个方面。同时，留守儿童也能在良好的自我支持和社会支持下积极健康成长。

（1）留守经历是儿童青少年成长历程中的重要事件，对儿童有巨大影响。曾留守者对留守经历的清晰描述再现了儿童时期留守经历对个体的巨大影响。时隔多年，他们依然清晰记得父母离开时的场景，记得许多的具体细节，更记得那种伤心、绝望、无助。其中，母亲的离开是孩子感觉最不舍、最难过的事，对孩子性格形成影响较大。

我已不记得是什么时候离开爸妈，和爷爷奶奶一起住的了。但我清晰地记得那一年，要开学了，妈妈送我回老家。

那天，我们一起去赶集，街上人来人往，十分热闹。一路上我很开心。后来我们来到一个停着很多车子的地方。我看着妈妈上车，我拿着好吃的跟着上车，然后和奶奶、姐姐说再见。车要启动了，妈妈把我抱下车，我以为妈妈也会下车，就没在意，继续津津有味地吃着零食。可是车很快启动了，我没看见妈妈下车，把零食一扔，去追大巴了。我一边跑一边嘶吼着："妈妈，你不要丢下我，我听话，我再也不闯祸了。"妈妈似乎听到了我的呼喊，从车窗探出头来，对我喊："别追了，快回去。要好好读书，听姐姐的，要……"我没有放弃，仍然哭喊着拼命地追。可是大巴是那样的冰冷，哪里会听得见我的呼喊，继续义无反顾地前进着。妈妈的声音越来越小，越来越远。我依旧无力地呼喊，最后只能眼睁睁地看着大巴在转角处消失，妈妈的声音也随之消失。

我一屁股瘫坐在地上，肆意地哭闹着，仿佛这里就剩下我一个人，格外安静。也不知道是什么时候，我放弃了挣扎，乖乖跟着姐姐回家了。

从此，我变得沉默，什么也不想去争取，觉得反正都争取不来。

——阳同学

父母外出打工后，留守在家的儿童通常跟祖辈生活在一起，有些家庭父母及祖辈一起外出打工，家中只剩一个老人和小孩。孩子不仅缺乏父母的陪伴，还要承担繁重的家务及其他劳动，小小年纪承担了过重的体力活，内心难免会有抱怨、不甘、委屈，甚至无助。

母亲离开后，我便与祖母生活在一起了，这一生活就是十年。祖父同样外出务工了，家里剩下的只有我与祖母，家里七八口人的土地需要祖母种，祖母自然就很忙，而我也不得不帮祖母分担一些任务。每天很早祖母就要外出劳作，做饭的任务自然就落在了我身上。与父母生活的那些年我基本上没有煮过饭，唯一会的就是煮面。那时候我还没有灶台高，放水、下米都需要站在凳子上才能完成，才开始的时候被烫伤过、烧伤过，也因为不知道该放多少水、下多少米把饭煮焦了多次，当时觉得自己特委屈，是一个被父母抛弃的孩子，没人疼、没人爱！

我觉得那时候最辛苦的就是要帮着祖母背东西、扛东西了吧。十一二岁的年龄，身高不过一米四五，体重不过五六十斤，却要背着七八十斤的东西，在旁人看来都是极为辛酸的事。我经常会因为背得太重而双腿打颤，被压得跪在地上。这些在当时看来，是赤裸裸的虐待，用现在的话来讲叫虐待儿童。

——冯同学

留守儿童自画像中呈现了较小的、被约束的自我。他们自我描述时有“弱弱的、小小的、孤独的、不安的、不好、难看”等词语。

（2）留守经历会提升儿童积极心理资本，促进儿童在困境中成长。事实证明，留守经历也会提升儿童的积极品质。由于父母不在身边，留守儿童更早学会自我照顾和照顾别人，学会做饭、扫地等家务劳动，甚至学会种地、种菜等田间劳动。比起父母都在家的孩子，他们更独立、勇敢、坚强，耐得住寂寞，守得住清贫。

记得有一次奶奶要上街，早上5：00奶奶就来叫我起床，我迷迷糊糊地睁开眼睛，从床上爬起来。奶奶说：“我要上街去了，你要在家好好照顾弟弟哟。”

一会儿，弟弟醒来了，一直哭着找奶奶，我开始学着奶奶哄他，然后帮他穿衣服。虽然我之前经常看奶奶帮弟弟穿衣服，但是自己实践起来却不是那样的，不是纽扣扣错了，就是鞋子穿不上，后来姐弟同心，终于把衣服穿好了，突然听见了咕咕咕的声音，我望着弟弟的小肚子，弟弟说：“姐姐，我饿。”我摸摸肚子说：“呀，我也饿了，我们去找找有什么好吃的。”然而四处搜索了一下，发现家里没有什么可以吃的东西，无奈之下，我只好硬着头皮去开始了我的第一次做饭之旅。一大串问题向我袭来，这个火应该怎么生起来呢？到底应该加多少水呢？到底要加多少米呢？什么时候才算熟了呢？当我解决了这些问题出现在弟弟面前时，弟弟咯咯咯地笑了，我问他笑什么呢，弟弟指着我的脸说：“哈哈，小花猫。”我一照镜子，发现脸上好多灰，然后我假装摸摸鼻子，趁弟弟不注意，摸了一下弟弟的鼻子，然后大笑：“哈哈，你也变成小花猫了。”不过，我和弟弟终于填饱了肚子。

奶奶回来一个劲地夸我长大了，懂事儿了。

——白同学

在留守儿童绘画作品中，也有阳光、温暖的画面，见下图。他们描述时有“阳光的、有爱的、温暖的”词语。

留守儿童绘画作品

（3）留守儿童积极健康成长的保护因子来自个体、人际互动及公益行动三个方面。作品分析显示：留守儿童能在良好的自我支持和社会支持下积极健康成长，留守经历中的保护性因子及支持条件是留守儿童健康成长的重要保障。促进留守儿童积极发展的保护性因子主要有三个方面：一是留守儿童自身具有较好的积极心理资本；二是留守儿童家庭、学校中有关爱他们的人；三是留守儿童生命里有重要积极事件。

①留守儿童自身具有积极心理资本。积极心理资本会提升留守儿童心理健康水平。事实证明，那些拥有乐观人生态度、韧性及希望感的留守儿童会在现实困境中乐观面对、积极应对，促进自己健康积极成长。

也许现在的我应该谢谢我的疾病，因为它让我能够有两年半的时间有我的妈妈陪我一起度过；当然也要谢谢我母亲的陪伴，如果不是那关键的两年半，也许现在的我就和街上的无业青年一样，而不是坐在大学的课堂里，安静地学习。除此之外，我也要感谢我的父亲，因为他在背后的支持，才让我有条件去养病、学习；还要感谢我的爷爷奶奶、外婆以及其他关心我的亲人，因为他们的关心、庇护让我不至于到处飘荡，成为流浪儿童！

——赵同学

读书和学习能为留守儿童带来希望感。事实证明，读书和学习能开拓留守儿童的视野，改写他们的人生，为他们带来希望感。

上高中就是我最明智的选择，因为2014年我考上了大学，成为两大家族中唯一的一个大学生，成为他们的骄傲和希望。

——肖同学

②生命中重要的他人。支持、保护留守儿童健康成长的第二个保护因子是重要的他人，他们的身边一定有重要的他人为其提供心理支持，重要的他人主要来自家庭、学校，部分来自社会。

来自家庭的重要的他人——比如，慈祥的奶奶、温柔的妈妈、负责的爸爸。

记忆中的外公外婆是慈爱的，他们从不吝啬对我的夸赞。他们教导我要有礼貌、诚实、勤快、正直，更要善良。善是这个世界上很难衡量的东西，却也是必不可少的美好品质。

我的妈妈成了我心中的超人妈妈，为了承担我和弟弟的学费及家庭生活的开支，她学会开男士摩托，成了我们县第一个跑摩的的女人。很多人不知道她的名字，但一说起女摩的便知道是她。

——秦同学

来自学校的重要的他人——关心自己的老师，包括小学、初中、高中、大学老师。这些老师具有这样一些特质：温暖、负责、睿智，能为留守者指明努力方向，从而点亮希望之灯。

我是一个被赠予玫瑰的小女孩，感恩李院长的悉心照顾，让我这个留守儿童的心间有了一丝暖流，那不是口头细说，而是来自亲身守护的温暖，感恩这样的她，让我体会到了别样的温暖，让我在幼儿园看到了老师最美的样子，关心幼儿成长，呵护幼儿。在我青春期犹豫不决时，何老师在寒冬中共同停留，黑暗楼道里的话语给了我莫大的力量，心尖上的感恩，感恩何颖老师将适合印刻在我的字典里。感恩我大学时的益友们，哭时有人陪伴，开心时有人分享，是你们让我学会了爱与被爱，是你们让我知道了四季味道，是你们让我明白，光明会到来，是你们陪着我看风景，陪着我淋雨，陪着我度过那些黑暗的日子，陪着我一起哭，陪着我一起笑，感恩你们，有你们在，我才明白，人要学会爱，也要学会被爱。

——张同学

我自己是属于没有方向的那一类人，怀揣着毕业前的焦虑不知道该干些什么。在这个时候，我很幸运地遇到了何妈（我的导师何奎莲何教授，我们都亲切地称呼她为“何妈”），虽然很早就参加了她主导的一个关于研究农村留守家庭的课题项目，但是我们“不熟”，毕业论文选择导师也是因为自己想要研究的方向何妈比较有经验。

努力了，成长了，改变了。一切都要感谢遇见的人，感谢何妈，感谢那些可爱的小朋友，生命之中有你们，真好！

——冯同学

来自同龄人的重要的他人——形影不离的同学、无话不说的朋友。

在大三有一段时间，我陷入迷茫与黑暗中，许多决定不知道该怎样做。当时的我感觉深陷泥潭，胆小无助，孤单无力，焦虑不满，自责，忧虑，所有的负面情绪笼罩着我，让我渐渐对生活失去了信心，渐渐觉得自己很没有价值。我将我的困境告诉阳阳，她耐心地开导我。我总是一个人处理这些糟糕的情绪，阳阳每天都来问我今天有没有好一些。

——张同学

留守儿童家庭画、校园画作品中，有很多温暖的画面，见下图。他们在进行作品描述时有“温暖的家人、友善的同学”等词语。

留守儿童家庭画

③来自社会和环境的重要事件。第三个保护性因子，来自社会和环境中的重要事件，比如，参与公益服务。

每次志愿活动我都积极报名参与，虽然我不是很清楚自己究竟可以做些什么，但我想我总能做点什么。后来我才知道，只有用我所学的专业知识，才能科学地关爱他们，才能为他们的心灵带去新的遇见。4年，我共带了35场有关留守、贫困和灾后儿童的团体心理辅导活动，我不奢求他们从此就有多么重大的人生转变，只愿我能给他们送去一份善与爱，让他们看到自己新的可能性。

——秦同学

留守儿童这个群体需要被社会关注，需要更多的人去理解他们，认识他们，何妈也一直在这么做。为了让更多人关注他们，后面又组织了“在留守中成长”系列活动。那段时间是做助手最忙的时候，跑广告公司，跑印刷公司，协调场地布置，联系各方人员，一系列工作忙得如火如荼。经历过大雨滂沱全身湿透，经历过熬夜到凌晨两三点，经历过稿子反复修改。几个月时间经历的感觉比整个大学都多，从亲身接触这个群体，帮助这个群体成长，到把这个群体的现状让更多人知道，我想这是一件非常有意义的事，其中有很多的困难，也有过很多次放弃，但最终都坚持下来，自己在这个过程中也获得了救赎。

——冯同学

（4）自我觉察与反思会重构青少年对留守经历的认知。经过留守岁月的历练，成长后的青少年大部分都会从积极的视角看待留守经历，从这段经历中获益。自我觉察与反思为留守者提供了一个认清和接纳自己、父母、祖辈的机会，促成了留守者与自我、家人、社会的和解。他们会更为理解父母，更为关注有同样经历的儿童，更能共情困境儿童青少年，也会强化曾留守者的公益之心和公益之行。

那十年的岁月之前我一直都不愿去回首，觉得那是噩耗，是耻辱，每当想起，总会满是委屈。后来我明白了，那段岁月是我最宝贵的财富，堪回首！我承认，留守经历带给我很多不好的东西，内向、自卑、缺乏自信等，但它也带给我许多的财富，足以让我受益终身。我所拥有的独立、坚韧、勇于承担等好的品质都形成于那一段时间。与许多不能照顾自己的人相比，我更早地学会了照顾自己，自己洗衣服，自己做饭，自己解决自己的事情，这是我自豪的地方。从小就开始去承担，使我变得责任心很强。从小就干各种农活，让我懂得了粮食的来之不易，更锻炼出了自己坚韧的品格。其实我最想说的是，虽然我们是时代的产物，我们有着诸多的问题，但在问题的背面就是我们的收获、我们的财富，一笔没有过这段经历的人没有的财富。我们无须自卑，无须觉得自己低人一等，我们存在有着我们应有的价值。我们也不应埋怨我们的父母，他们是为了我们能过上好的生活才离我们而去的，他们在心底同样很不是滋味。

——冯同学

结论：留守经历对儿童是把双刃剑，在父母心理养育不足、隔代教养不当、学校心理教育不足、社区心理服务体系薄弱的现实困境下，留守儿童可能感觉到孤独、悲伤、失落等，甚至产生心理和行为问题，产生极端危机事件，但留守儿童也能在良好的自我支持、家庭支持、学校支持及其他支持下积极健康成长。留守能激发儿童自我成长动力，留守儿童能在自我照顾、家务劳动、田间劳作中提升自我效能。此外，留守儿童身边的重要的他人（家人、教师、同学、志愿者等）及积极事件（读书、学习、参加公益活动等）也是留守儿童健康积极成长的保护因子。

启示：留守儿童具备很多优秀品质，我们要以积极的、发展的、欣赏的眼光看待留守儿童，重视挖掘他们身上具备的优秀品质和心理资本，注重他们的资源与优势；积极心理资本对留守儿童具有重要意义，学校、家庭和社区要开展多种活动，提升留守儿童的积极心理资本；家长、教师、社区工作者、志愿者需要提升留守儿童关爱能力，成为更好地关爱他们的人；政府要从政策法规的层面给留守儿童及其家庭更多支持，特别是心理支持。

“益守幸福”留守学生团体心理辅导

带领者简介：陈静，教育部名师领航工程唐远琼工作室成员，宜宾市第四中学专职心理教师，三级心理咨询师，心理危机干预师，生涯规划指导师。国培计划“中西部项目——紧缺领域（生命教育）”授课教师，主研课题获市教育发展改革研究成果一等奖，中央广播电视大学教育部“国培计划——中小学骨干教师远程培训项目”主讲专家。

寄语留守：爱心汇聚力量，真情共筑希望。

第四节　我们做了什么

10 年：系统观下的留守儿童心理与社会服务。

自 2011 年起，依托各级各类课题，项目团队以“提升留守儿童心理健康水平”为初始及终极目标，开展了包括运动干预在内的系列研究与服务。我们建构了留守儿童研究与服务的“心理—社会”模式，将心理工作的专业技术与社会工作的思维模式整合起来。用社会工作的思维开展心理研究与服务，用心理工作的具体方法来开展社会工作。

具体做法：聚焦留守儿童及其周边系统，组建团队开展系列研究，根据研究结果设计系列课程，整合资源开展系列活动，对活动结果做系列评估，然后开展第二轮研究。见下图。

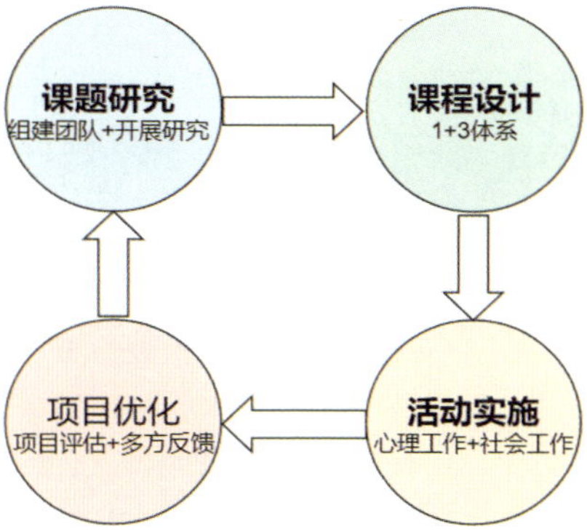

留守儿童心理与社会工作流程

系列研究与服务包括针对留守儿童本身的研究与服务、针对留守儿童的家庭及其成员开展的研究与服务、针对留守儿童所在学校及其老师开展的研究与服务、针对留守儿童所在的社区开展的研究与服务、针对政府决策层面开展的研究与服务。其目的在于提升留守儿童自身积极心理资本，强化其周边支持体系，协助留守儿童适应所在的社会环境脉络，增强或恢复其社会功能能量，预防社会问题，见下图。

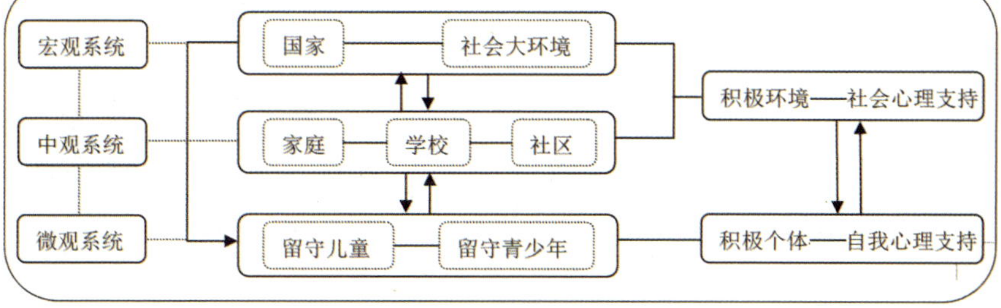

留守儿童“心理—社会”支持体系

一、聚焦留守儿童，开展“心理学＋社会学”系列课题研究

团队聚焦留守儿童群体，组建社会学、心理学、教育学跨学科团队，从社会学、心理学视角开展了长达 10 年的持续研究。通过查阅政策法规、学术文章、典型案例、田野调查，确定研究课题。2011 年至今，共立项各级各类项目 32 个。其中，国家社科基金项目 2 个，教育部、四川省哲学社会科学规划项目 3 个，科研成果转化项目 20 个（见表 1.8）。

表1.8　团队立项课题统计表

序	课题名称	负责人	立项部门	主研、参研	时间
1	西部留守儿童社会工作综合服务体系研究	陈世海	国家社科基金青年项目	詹海玉、何奎莲等	2011
2	留守儿童社会服务实用读本	陈世海	四川省社科规划一般项目	詹海玉、何奎莲等	2012
3	西部留守儿童学校社会工作介入方法研究	陈世海	中国社会工作协会项目	詹海玉、何奎莲等	2013
4	西南农村留守家庭心理支持体系研究	何奎莲	教育部一般课题	陈世海、严增琴等	2014
5	新生代农民工心理健康及社会支持现状调查	何奎莲	宜宾市科技局一般项目	瞿进、罗静等	2015
6	四川农村留守家庭的服务需求及服务策略研究	陈世海	四川省教育厅重点项目	何奎莲、曲燕等	2015
7	留守服务志愿者服务需求调查及培训课程设计	何奎莲	共青团宜宾市委横向项目	冯黎、夏素荣等	2015
8	留守儿童关爱师资培训课程	何奎莲	中央广播电视大学委托项目	陈世海、古吉慧等	2016
9	农村留守老人心理健康与社会支持现状调查	赵政一	宜宾市社科联一般项目	何奎莲、任敏玲等	2016
10	偏远农村留守女童性安全与性教育模式研究	吴邦玉	宜宾市社科联一般项目	何奎莲、张亚琴等	2016
11	农村留守女童性侵害防治现状调查与分析	何奎莲	春霞关爱中心横向项目	陈支那、梁旗等	2016
12	留守儿童关爱服务体系建设的探索与实践	蒋伟	宜宾市社科联一般项目	何奎莲、夏素荣等	2016
13	积极发展视野下留守儿童心理健康策略研究	何奎莲	共青团宜宾市委横向项目	夏素荣、王新珠等	2016
14	隔代教养背景下农村幼儿策略研究	姜芸	农村幼儿教育研究中心	何奎莲、古吉慧等	2016
15	在留守中成长	何奎莲	共青团宜宾市委横向项目	张莉、毛克强等	2016
16	暑期留守儿童关爱活动	何奎莲	高县团委	夏素荣、王诗宇	2016

序	课题名称	负责人	立项部门	主研、参研	时间
17	宜宾市教育心理扶贫“双益工程”第一期	何奎莲	宜宾市教体局横向重点项目	夏素荣、仇丹等	2017
18	留守儿童关爱师资培训课程	何奎莲	华东师范大学委托项目	张倩、陈静等	2017
19	运动干预对农村幼儿心理健康的效果研究	赵莉萍	农村幼儿教育研究中心	何奎莲、串凯等	2017
20	表达性艺术治疗对幼儿心理健康的效果研究	王小飞	农村幼儿教育研究中心	何奎莲、梁运佳等	2017
21	留守儿童关爱保护的社会政策研究	陈世海	国家社科基金一般项目	何奎莲、张义烈等	2017
22	乡村学校留守学生心理健康促进体系研究	何奎莲	高县落润乡中心校	夏素荣、吴天武等	2017
23	基于积极心理学的留守儿童心理服务	何奎莲	兴文县水栏学校	胡雪梅、夏素荣等	2017
24	整合视野下《留守儿童心理服务》课程建设	何奎莲	宜宾学院教改重点项目	陈世海、古吉慧等	2018
25	宜宾市教育心理扶贫“双益工程”第二期	何奎莲	宜宾市教体局横向重点项目	胡琴、唐海波等	2018
26	“守望幸福向阳花开”留守儿童关爱工程	何奎莲	宜宾学院党委统战部项目	秦阳、张淑婧等	2018
27	留守儿童心理与社会支持体系研究	何奎莲	高县庆岭乡中心校	罗洁、郭朝波等	2019
28	宜宾市教育心理扶贫“双益工程”第三期	何奎莲	宜宾市教体局横向重点项目	徐卫、张薇等	2019
29	积极发展视域下困境儿童心理支持体系研究	何奎莲	四川省社科规划重点项目	陈世海、白静等	2020
30	宜宾市教育心理扶贫“双益工程”第四期	何奎莲	宜宾市教体局横向重点项目	王婷、胡冬梅等	2020
31	“心计划”困境学生心理支持体系研究	何奎莲	珙县职业技术学校	郭朝波、刘孝青等	2020
32	“心计划”困境学生心理支持体系研究	何奎莲	四川省筠连中学	吕青青、唐艳等	2021
33	“心计划”困境学生心理支持体系研究	何奎莲	筠连职业技术学校	胡忠、朱小燕等	2021
34	绿洲计划——未成年人心理安全维护策略研究	何奎莲	筠连县人民政府、妇联	罗桂华、王秋玲等	2021

同时，团队指导大学生团队立项“留守”相关主题创新创业项目 20 个。其中，国家级创新创业项目 11 个（见表 1.9）。

续 表

表1.9 指导创新创业项目立项及获奖情况表

序	课题名称	负责人	项目类别	指导教师	时间
1	守望与期盼：西部留守儿童生存问题及社会工作服务对策研究	文四海	全国大学生挑战杯课外科技学术作品竞赛三等奖	陈世海	2013
2	留守儿童社会工作调研训练科研创新能力	楚惠云	国家级大学生创新创业项目	陈世海	2013
3	留守儿童心理及生活状况研究	高杉	省级大学生创新创业项目	陈世海	2016
4	“双创”背景下的农民工返乡创业研究	杨欢	国家级大学生创新创业项目	陈世海	2016
5	留守儿童关爱志愿者心理健康及服务需求研究	李昱璇	国家级大学生创新创业项目	何奎莲、朱涛	2017
6	运动干预对留守青少年身心健康的影响	杜鸿州	国家级大学生创新创业项目	何奎莲、串凯	2018
7	农村留守儿童性教育研究	郑杨	国家级大学生创新创业项目	陈世海	2018
8	西部留守儿童农村社会工作服务体系研究	赵廷	国家级大学生创新创业项目	陈世海	2017
9	“益心苑”青年志愿者成长中心	张淑婧	国家级大学生创新创业项目	何奎莲、刘薪	2018
10	新生代留守儿童心理资本现状及促进策略研究	武天理	国家级大学生创新创业项目	曲燕、何奎莲	2018
11	留守儿童成长故事	蒋坤	省级大学生创新创业项目	闫科学、何奎莲	2018
12	儿童绘本馆	张博	省级大学生创新创业项目	张莉、何奎莲	2018
13	绘画干预对留守儿童心理健康的作用研究	卢忆萍	国家级大学生创新创业项目	何奎莲、张莉	2019
14	贫困对儿童心理健康的影响及对策研究	姜杉	省级大学生创新创业项目	何奎莲、杨晖	2019
15	“茶心苑”青年志愿者服务中心	何传亮	校级大学生创新创业项目	何奎莲	2019
16	贫困、留守儿童心理健康状况与促进策略研究	姜杉	校“互联网 +”一等奖	何奎莲	2019
17	大学生志愿者生命困境历程与助人功能关系研究	岳少波	省级大学生创新创业项目	曲燕、何奎莲	2020
18	离异家庭功能与青少年依恋培养策略研究	刘璨	省级大学生创新创业项目	王新珠、何奎莲	2020
19	系统论视角下中小学生心理健康维护平台	贺云凤	国家级大学生创新创业项目	何奎莲、杨晖	2021
20	积极发展视角下青少年社会支持促进体系研究	郑美玲	国家级大学生创新创业项目	汪娟、何奎莲	2021

二、立足调研，构建“1+3”系列课程

根据调研结果，笔者设计了系列方案，重点是留守儿童心理辅导课程以及志愿者课程、教师课程、家长课程。

（一）留守儿童团体心理辅导课程

根据留守儿童身心发展特点，笔者设计了留守儿童心理辅导课程，课程见下图。

“雨润小树·爱暖童心”留守儿童星期课程结构图

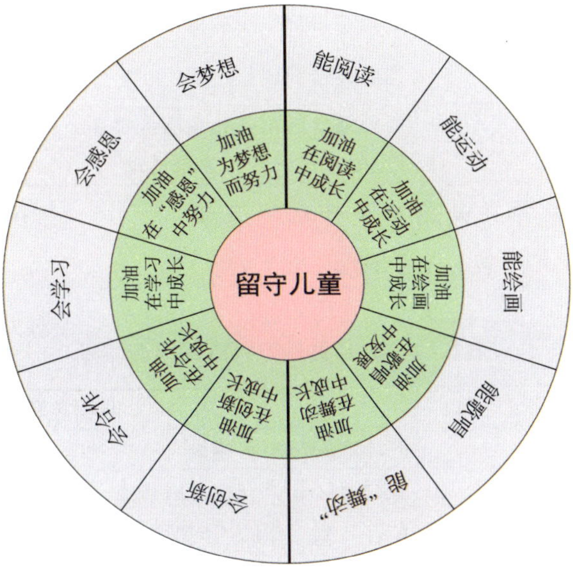

留守儿童心理辅导课程模块

（二）留守儿童关爱志愿者培训课程

笔者设计了志愿者培训方案，核心课程见表 1.10。

表1.10 志愿者服务能力提升培训课程

课程模块	课程主题
导入与融入	破冰之旅与团队建设
志愿者服务之“道” 什么是志愿者？	我为什么做志愿者？
	志愿者的角色与要求
	志愿服务的伦理价值
志愿者服务之“法” 我怎么做志愿者？	留守儿童调研方法及档案建设
	留守儿童工作的“资源树”“策略树”
	留守儿童身心发展特点

课程模块	课程主题
志愿者服务之“能” 我拿什么来爱你？	人际沟通中的口语与体态语训练
	留守儿童运动干预能力实训
	留守儿童焦点短程解决干预能力实训
	留守儿童绘画艺术干预能力实训
	留守儿童学业辅导能力实训
	安全自护与救人
	志愿者自身心态调适能力实训
志愿者服务之“行”	志愿者自我成长之路
整合与升华	资源整合的留守儿童服务体系
	“在留守中成长”主题活动

（三）留守儿童教师关爱能力提升培训课程

笔者设计了教师培训方案，核心课程见表 1.11。

表1.11　教师关爱能力提升培训课程

课程模块	课程名称
导入与融入	破冰之旅与团队建设
留守儿童关爱之“道”	农村留守儿童身心发展特点
	留守儿童工作的“问题树”
	留守儿童安全问题及应对策略
留守儿童心理关爱之“法”	留守儿童调研方法及观察策略
	留守儿童档案建设策略
	留守儿童工作的“资源树”
	留守儿童工作的“策略树”
留守儿童心理关爱之“能”	留守儿童表达性艺术干预能力实训
	留守儿童焦点解决短程心理干预能力实训
	留守儿童叙事干预能力实训
	留守儿童运动干预能力实训
	留守儿童沙盘游戏干预能力实训
	与留守儿童家长沟通的策略
整合与升华	资源整合的留守儿童服务体系构建

（四）留守儿童家长关爱能力提升培训课程

笔者设计了家庭关爱能力提升方案，课程见表 1.12。

表1.12　家长心理养育能力提升培训课程

课程模块	课程名称
认识孩子	新时代心孩子——儿童身心发展特点及教养策略
教养孩子	焦点视角下的亲子沟通艺术
	幼儿期心理养育艺术
	少年期心理教养艺术
	青春期心理陪伴艺术
自我提升	家长心态调适

三、整合资源，开展留守儿童“心理＋社会”系列服务

根据服务对象特点，研究团队组建师生服务团队，与团委、民政、教育和体育局等部门协同，开展了留守儿童“心理＋社会”系列服务：首先针对留守儿童自身开展服务，其次为留守儿童周边支持体系开展服务，主要是学校、家庭及社区，见下图。

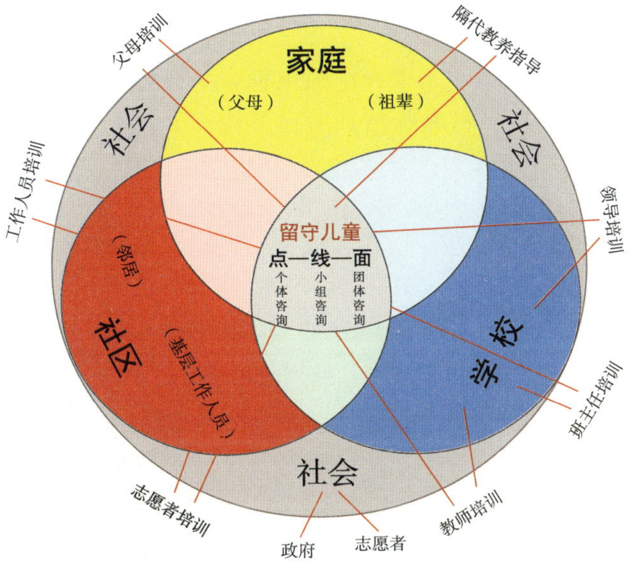

留守儿童“心理＋社会”系列服务图

（一）直接服务留守儿童群体

根据调研结论，围绕总体课程，设计系列活动方案，培训师生团队带领者，采用运动、叙事、绘画、焦点等有趣的干预方式，直接服务留守儿童。同时，积极介入当地团委、教体局、民政等部门留守儿童关爱工作，借由政府平台服务更多留守儿童，参与暑期关爱留守儿童项目。

为保障服务的科学性，采用“应用心理学专业＋学科专业”方式组建带领团队，如运动干预带领者由一名应用心理学专业志愿者加上一名体育专业志愿者组成，叙事干预带领者由一名应用心理学专业志愿者加上一名文学专业志愿者组成，绘画干预带领者由应用心理学

专业志愿者和美术教育专业志愿者组成，等等。

（二）组建并培训志愿者团队

在校内成立“心之荷”志愿者团队，与共青团宜宾市委联合成立“宜宾市青少年心灵驿站”。开展校内志愿者培训 100 余场，与团市委协作培训 2016 年暑期关爱留守儿童志愿者，见下图。

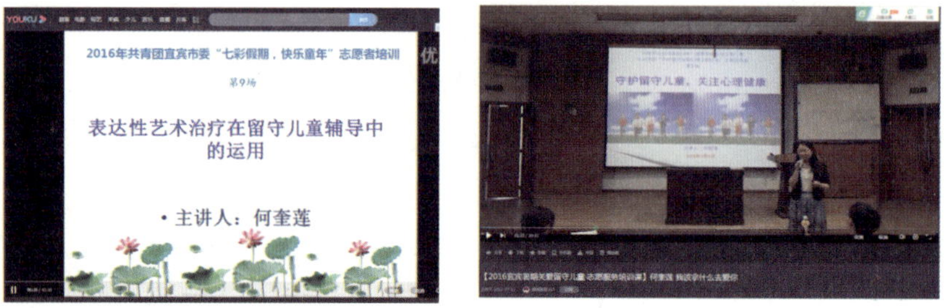

2016 年共青团宜宾市委志愿者培训

（三）借助各类平台培训教师

该课程体系已被华东师范大学、中央广播电视大学奥鹏中心、宜宾市教育和体育局采用，用于教育部“国培计划”乡村教师培训项目及宜宾市教育系统教育心理扶贫重点项目“双益工程”教师培训，见下图。

华东师范大学留守儿童师资培训网络课程

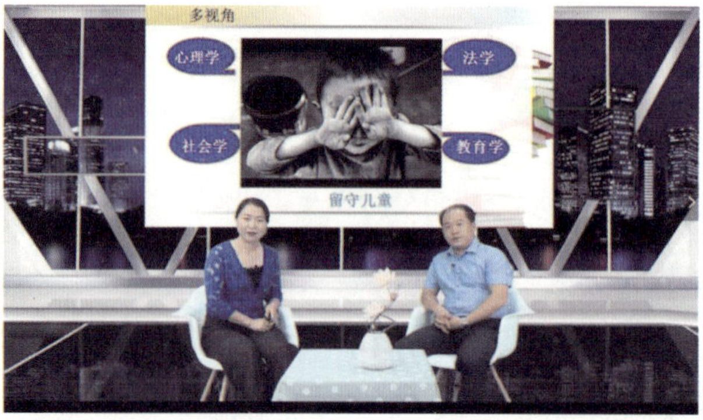

中央广播电视大学奥鹏中心网络课程

（四）借助各类平台培训家长

借助学校、妇联等部门培训家长。

何奎莲在高县落润小学开展家长培训

至此，“一心三翼立交桥式”心理与社会工作体系形成：针对留守儿童开展心理与社会服务；针对学校开展教师培训，提升其关爱能力；针对社区开展志愿者培训，提升志愿者、基层工作者关爱能力；针对家庭开展家长培训，提升家长养育能力。

四、评估优化

在干预实践中运行留守儿童心理与社会工作体系，检测该体系，并根据实际不断完善各类方案及课程。组建督导师团队，对项目运行进行全程督导。

课题对 10 年留守儿童心理与社会服务中使用的绘画干预、运动干预、叙事干预、焦点解决短程心理干预进行回溯，筛查好的干预方法及方案，进行有效的提炼和改善。具体见第二章至第五章。

至今，我们已走进 42 个学校、17 个村、2 000 余户留守家庭，协同政府、学校、村社，服务留守儿童 2 万余人，培训教师 3 万余人，培训志愿者近万人、家长千余人、工作者千余人。开发系列课程 3 套（留守儿童心理辅导活动 100 余个，教师培训课程 30 小时，志愿者培训课程 20 小时，家长培训课程 10 小时）。在研究与服务中，我们构建了留守儿童“个体、学校、家庭、社会”系统支持体系，构建“科学研究 + 人才培养 + 社会服务”三位一体服务模式，完善了“心理援助 + 社工援助 + 法律援助 + 教育援助”四助联动的心理与社会工作模式。

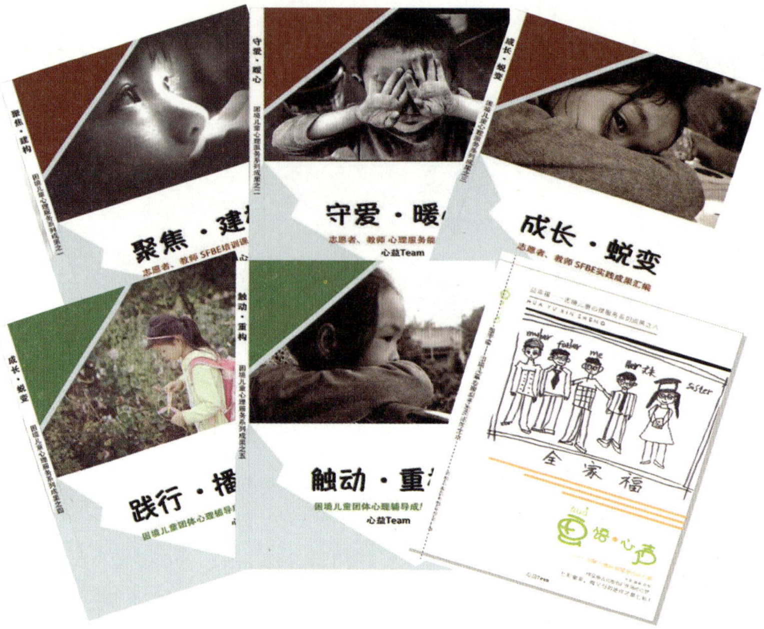

系列手册、书籍被共青团宜宾市委员会及宜宾市教育和体育局采用

项目取得较好的社会认可：留守儿童师资培训网络课程被中央广播电视大学、华东师范大学教育部“国培计划”项目采用，用于全国乡村教师培训；师资培训地面课程被宜宾市教体局及20余所学校采用，用于市县校教师培训；志愿者培训课程被共青团宜宾市委员会采用，用于暑期关爱留守儿童志愿者培训；助力更多教师、志愿者提升关爱能力，切实构建留守儿童社会支持体系。项目成果已在中国团体心理治疗与辅导学术年会、四川省应用心理学年会等学术会议上交流。中国文明网、中华人民共和国教育部官网、中国网、中国高校之窗、四川新闻网、《四川农村日报》《教育导报》等100余家媒体报道了我们的活动，负责人被评为四川省最美十大志愿者，心之荷志愿者协会被评为宜宾市优秀志愿组织，团队成员多人获各类奖项。

“益守幸福”留守学生团体心理辅导

带领者简介：胡冬梅，宜宾市六中心理健康教师，心理咨询师，危机干预治疗师，宜宾青少年心理协会理事，宜宾丹佛心理中心创办人之一，宜宾青年驿站心理咨询师，先后获四川省第二届心理健康教育优质课评选三等奖、四川省心理健康教育优秀成果一等奖、四川省家庭教育优秀论文一等奖，四川省第六届心理健康教育优质课评选一等奖指导教师，中央广播电视大学教育部“国培计划——乡村教师培训项目”主讲专家。

寄语留守：爸妈用远行的脚步，奠定生命更高的起点。你终将超越这个地点，追寻你的梦想，绽放生命的华彩！

本章参考文献

[1] 杜鹏 . 聚焦“386199”现象关注农村留守家庭 [J]. 人口研究，2004（4）.

[2] 一张 .“留守儿童”是问题儿童 [J]. 教育导刊，2001，27(6):46–52.

[3] 张清扬，宋剑 . 我国农村留守儿童的总体现状分析 [J]. 硅谷，2009(18):214–215.

[4] 邬志辉，李静美 . 农村留守儿童生存现状调查报告 [J]. 中国农业大学学报 (社会科学版)，2015，32(1):65–74.

[5] 教育部 . 2015 年全国教育事业发展统计公报 [J]. 中国地质教育，2016，25(4):94–97.

[6] 杨国才，朱金磊 . 国内外留守儿童问题研究述评与展望 [J]. 云南师范大学学报 (哲学社会科学版)，2013，45(5):113–119.

[7] 罗国芬，佘凌 . 留守儿童调查有关问题的反思 [J]. 青年探索，2006(3):13–15.

[8] 赵景欣 . 养育者行为监控与农村留守儿童的孤独、反社会行为 [J]. 中国临床心理学杂志，2013，21(3):500–504.

[9] 丁继红，徐宁吟 . 父母外出务工对留守儿童健康与教育的影响 [J]. 人口研究，2018，42(1):76–89.

[10] 刘霞，赵景欣，申继亮 . 歧视知觉对城市流动儿童幸福感的影响 : 中介机制及归属需要的调节作用 [J]. 心理学报，2013，45(5):568–584.

[11] 周金艳，罗学荣，韦臻，等 . 长沙地区农村留守儿童行为和情绪问题的特征 [J]. 实用儿科临床杂志，2009，24(24):1901–1903.

[12] 王晓丹，陈旭 . 留守儿童与非留守儿童社交焦虑及认知偏差的比较研究 [J]. 四川师范大学学报 (社会科学版)，2010，37(2):57–61.

[13] 张志英 .“留守儿童”的孤僻心理 [J]. 健康心理学杂志，1998(1).

[14] 王玉琼，马新丽，王田合 . 留守儿童 问题儿童 ?——农村留守儿童抽查 [J]. 中国统计，2005(1):59–60.

[15] 李宝峰 . 农村“留守子女”心理健康问题及其干预 [J]. 教育探索， 2005 (5) :82–83.

[16] 蒋平．农村留守儿童家庭教育基本缺失的问题及对策 [J]. 理论观察，2005 (4) :79–81.
[17] 段淑霞．浅谈留守儿童心理健康问题及解决策略 [J]. 学周刊，2019(12):155.
[18] 岳慧兰，傅小悌，张斌，等．留守儿童心理健康状况调查研究 [J]. 教育理论与研究，2006 (10) :4–6.
[19] 周宗奎，孙晓军，刘亚，等．农村留守儿童心理发展与教育问题 [J]. 北京师范大学学报 (社会科学版)，2005(1):71–79.
[20] 冯靖雄．留守儿童心理健康问题及应对策略 [J]. 心理月刊，2020，15(3):16–17，19.
[21] LUTHER S S，BECKER C B.The construct of resilience: A critical evaluation and guidelines for future work.Child development，2000，71(3)：543–562.
[22] 张海芹．农村留守学生心理韧性及其相关因素分析 [J]. 中国学校卫生，2011，32(5):613–614.
[23] 陈友庆，张瑞．留守初中生的社会支持与心理韧性的关系 [J]. 中国健康心理学杂志，2013，21(9):1393–1396.
[24] 刘红升，靳小怡，陈洲．留守儿童的心理弹性：分化、归因、干预 [J]. 西南交通大学学报 (社会科学版)，2019，20(1):31–37.
[25] 秦安兰．社会生态系统理论视域下农村留守儿童心理弹性提升研究 [J]. 少年儿童研究，2020(5).
[26] 赵丽丽．留守儿童的应对方式、人格特征及自我效能感与心理健康关系研究 [D]. 蚌埠：蚌埠医学院，2012.
[27] 徐礼平，田宗远，邝宏达．留守儿童心理安全感与心理韧性现状及其关系分析 [J]. 中国儿童保健杂志，2013，21(9):923–925.
[28] 刘旺发，蔡翥．留守儿童心理韧性与主观幸福感 [J]. 中国健康心理学杂志，2013，21(7):1049–1050.
[29] 杨新华，朱翠英，杨青松，等．农村留守儿童希望感特点及其与心理行为问题的关系 [J]. 中国临床心理学杂志，2013，21(3):505–507，504.
[30] 付浩杰，王斌．社会治理视野下留守儿童积极心理品质调研及对策分析——基于四川“留守儿童之家”[J]. 成都师范学院学报，2018，34(4):62–66.
[31] 范兴华，欧阳志，彭佳．农村留守儿童心理资本的团体辅导干预 [J]. 湖南第一师范学院学报，2018，18(3):50–54.
[32] 曹杏田．曾留守大学生积极心理品质构成与培养 [J]. 铜陵学院学报，2018，17(4):127–129.
[33] 邝宏达．农村初中留守儿童心理资本：个体、家庭和学校的影响 [J]. 上海教育科研，2019(6):45–49，16.
[34] 王誉迪．学校社会工作介入农村留守儿童心理资本的效果研究 [D]. 沈阳：沈阳师范大学，2019.

[35] 范兴华，方晓义，陈锋菊．留守儿童家庭处境不利的结构及影响：一项质性研究 [J]. 湖南社会科学，2012(6):85–87.

[36] 崔丽娟，邹玉梅．家庭功能缺失对留守儿童偏差行为的影响机制 [J]. 青少年犯罪问题，2010(3):61–63.

[37] 赵洁，曹光海．农村留守儿童家庭亲密度和适应性调查研究 [J]. 安徽农业科学，2008，36(36):16168–16170.

[38] 张介平．留守儿童家庭亲密度与适应性的测评结果分析 [J]. 前沿，2012(15):126–128.

[39] 袁宋云，陈锋菊，谢礼，等．农村留守儿童家庭功能与心理适应的关系 [J]. 中国健康心理学杂志，2016，24(2):231–235.

[40] 方晓义，徐洁，孙莉，等．家庭功能：理论、影响因素及其与青少年社会适应的关系 [J]. 心理科学进展，2004(4):544–553.

[41] 朱爱国．隔代教育下留守儿童家庭功能弱化问题研究 [D]. 合肥：安徽农业大学，2020.

[42] 卢春丽．农村留守儿童家庭功能和同伴欺负的关系研究——基于亲子关系的中介作用 [J]. 龙岩学院学报，2019，37(6):106–111.

[43] 杨攀．儿童的留守经历与问题行为 [D]. 武汉：华中师范大学，2020.

[44] 秦陈荣．亲子亲合对农村留守儿童孤独感的影响研究 [D]. 成都：四川省社会科学院，2019.

[45] 骆鹏程．留守儿童心理弹性与人格、社会支持的关系研究 [D]. 开封河南大学，2007.

[46] 李浩秋．留守儿童心理健康问题的社会工作介入 [D]. 武汉：华中师范大学，2014.

[47] 徐琳．我国农村学前留守儿童社会支持系统研究述评 [J]. 江苏第二师范学院学报，2015，31(8):75–80，124.

[48] 刘霞，范兴华，申继亮．初中留守儿童社会支持与问题行为的关系 [J]. 心理发展与教育，2007(3):98–102.

[49] 胡昆．农村留守儿童社会支持状况调查研究 [J]. 中国健康心理学杂志，2011，19(8):976–978.

[50] 肖云．农村留守儿童社会支持探析 [J]. 重庆工商大学学报（社会科学版），2007(5):1–3.

[51] 陈世海，詹海玉．中国留守儿童研究十年：文献计量及内容分析 [J]. 宜宾学院学报，2011，11(10):1–8.

[52] 陈世海，江传彬，张义烈，等．西部留守儿童学校社会工作服务方法研究 [C]// 中国社会工作协会．本土化社会工作理论与实务探索论文集（2013—2014）．北京：中国社会工作协会，2013:29.

[53] 曹自爱，武迪，张肖蒙．社会工作对农村留守儿童心理健康问题的介入 [J]. 开封教育学院学报，2014，34(3):295–296.

[54] 张央央，郭占锋 . 留守儿童心理问题的个案工作介入 [J]. 新西部 (理论版)，2016(10): 17–18.

[55] 冯鑫芳 . 农村留守儿童社会心理支持小组工作方案设计 [D]. 武汉：华中师范大学，2013.

[56] 张连梅 . 促进留守儿童的心理健康 [J]. 辅导员，2008(4):42.

[57] 李道东 . 促进留守儿童心理健康的思考 [J]. 科学咨询 (教育科研)，2012(1):21.

[58] 谢家清 . 略论促进留守儿童心理健康发展的四个支持体系 [J]. 科学咨询 (科技 · 管理)，2015(3):22–23.

[59] 张晴 . 绘画艺术表达对促进留守儿童心理健康水平发展的实证研究 [J]. 青春岁月，2017(7):180.

[60] 殷周州 . 体育锻炼促进留守儿童的心理健康的研究 [J]. 中学课程辅导 (教师教育)，2017(19):84.

第二章　绘画干预在留守儿童中的运用

当意识不堪重负——
何妨直接与潜意识对话？

※ 互动体验

案例再现：

2016 年 1 月，风大天冷，我们到乡村学校开展留守儿童关爱活动，遇到了那个叫小明的男孩。当时，他读小学三年级，黑瘦矮小，身上脏兮兮的，不说话，不微笑，不和我们的目光有任何接触。班主任介绍：小明是从村小转过来的，之前父母一直在外打工，他和奶奶生活在一起。奶奶对小明的照顾仅限于有饭吃，有衣穿，缺少交流。父亲没文化，不喜欢与人交流，酗酒，打牌，喝醉后打骂小明。小明妈妈在多次家暴后逃离了这个家，再没回来。10 岁的小明无法正常学习，平时不说话，也不笑，不同任何人交流，上课常常发呆，点名也无反应，成绩非常差，好几科 0 分。

面对这样的孩子，你将如何打开他的心扉？

留守学生作品：那些花儿

一画抵千言

儿童画 1 小时画获得的收益，比观看 9 小时画所获得的收益还多。

——迪斯特佛赫

高县团委留守儿童关爱活动：庆岭乡留守学生绘画干预

活动带领者：夏素荣，女，萨提亚咨询师，沙盘游戏指导师，绘画治疗师，教育部《西南农村留守家庭心理支持体系研究》主研，教育部“国培计划”乡村教师培训项目留守儿童专题主讲专家，宜宾市教育心理扶贫重点项目“双益工程”核心成员。

寄语留守：在学习中成长，在成长中体验快乐，在快乐中找到自我，在自我中实现理想。

本章导读：

本章内容共分三节。

第一节是知识链接——绘画干预及其相关研究概述，内容分为三部分：一是绘画干预的概念、类型、特点、功能及运用；二是绘画干预相关研究的趋势、主要内容及不足；三是本项目简介。目的在于拓展读者对绘画干预的认知。

第二节是方案链接——留守儿童心理健康促进绘画辅导方案，以典型案例的方式，介绍了小组绘画干预方案、集体绘画干预方案，以期为读者开展实务提供借鉴和参考。

第三节是效果评估——绘画干预对留守儿童心理健康的作用，主要介绍了本项目小组绘画干预实验的效果。

※ 知识链接

第一节　绘画干预及其相关研究概述

绘画是孩子的本能，是孩子的特殊“语言”。通过绘画可以打开孩子心灵的窗户，促进其表达自我，情绪释放。对于部分不善言语、不想言语的留守儿童，如何才能走进他们的内心世界，提升他们的心理健康水平？绘画干预可以为我们提供方法借鉴。

一、绘画干预概述

（一）绘画干预的概念

绘画干预指带领者引导绘画者在绘画创作过程中，将潜意识内压抑的感情与冲突呈现出来，从而在心灵上、情感上、思想上释放负能量，调整心理状态，修复心灵创伤，促进积极发展的一种心理干预方法。绘画不易使当事人感到威胁，提高了当事人的参与度，能对问题进行视觉化处理并展现问题的核心，从而提供有创意的解决方法。[1]

绘画干预也称绘画治疗、绘画艺术治疗，是表达性艺术治疗的一种。

（二）绘画干预的起源与发展

绘画艺术治疗的最早体现可以追溯到史前，人类出于对自然现象的畏惧与恐慌，在岩洞中留下壁画，以表达敬畏之心。我国《黄帝内经》中有相关绘画疗法的记载。20 世纪 20 年代精神病艺术家的研究让艺术疗法开始了真正发展阶段。[2] 随着近代心理学的蓬勃发展，各种治疗和干预形式如雨后春笋涌现。艺术具有表达、符号象征和创作等元素特征，被越来越多地应用到心理治疗中。在多种多样的艺术表达形式中，绘画被更多人喜爱和采用，例如，弗洛伊德、荣格等心理学大师都曾用绘画的方式来记录梦境和分析梦境。随着心理学的快速发展，绘画干预的运用不再局限于对身心障碍者状态的矫治和缓解，也开始倾向于对普通人身心健康的作用。

（三）绘画干预的功能

绘画干预是一种接近自然、感受环境的心理治疗方式，既能放松综合的感觉，又能形成有用的认知行为。[2] 绘画干预具有四大功能，如下图所示。

绘画干预的四大功能

一是协助绘画者透过媒材达到觉知的状态。绘画者在绘画过程中的思考、产生的情绪会联结到过去、现在，甚至联想到未来的各种可能，可以协助绘画者更好地觉知自己、了解自己。

二是凭借媒介开启绘画者潜意识的大门。绘画者在绘画的过程中，透过图像的直觉式思考，让潜在的想法、需求自然地在绘画中得以体现，更真实地表达潜在意识。

三是通过创作调节绘画者的心理状态。透过创作，绘画者能找到一个合适的情绪宣泄空间，释放不安的情绪，并统整情感与意念，从而促进内心的和谐，提升心理健康水平。

四是通过绘画贴近彼此的心灵。相比一般的谈话方式，绘画能够让绘画者和陪伴者通过绘画的沟通彼此了解，彼此包容，贴近彼此心灵。

（四）绘画干预对留守儿童的意义

除了以上功能外，绘画干预对留守儿童还有独特的四个意义，如下图所示。

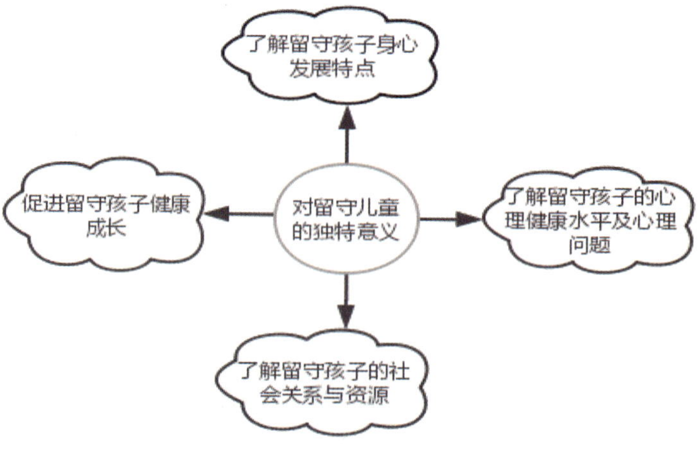

绘画干预对留守儿童的独特意义

一是借助绘画了解留守孩子身心发展特点。每个孩子的绘画都存在着自己的偏好，绘画能够体现出留守孩子的性格、偏好等个体特征，直接暴露其潜在的内心想法，包括其对世界的理解、对自我的看法、对外界的态度等，帮助人们了解留守孩子的身心发展状况。

二是借助绘画了解留守孩子的心理健康水平及心理问题。分析留守孩子的画，能够在绘画作品中了解留守孩子的心理健康水平，发现存在的心理问题，并分析、了解其心理问题产生的可能原因，看到其内心的渴望、潜在的情绪等。

三是借助绘画了解留守孩子的社会关系与资源。通过不同的绘画主题，能够了解留守孩子的社会支持系统，了解家庭关系对其产生的影响，并探究留守孩子动力的来源。

四是借助绘画促进留守孩子健康成长。绘画能够促进留守孩子感知觉的发展，使其能宣泄负面情绪，建构自我世界，完成自我整合，促进其心理健康发展。

（五）绘画干预的主要类型

从绘画的内容组成来看，绘画干预可以分为自画像、家庭画、房树人、风景画和愿望画 5 个类型，5 个类型之间的关系见下图。

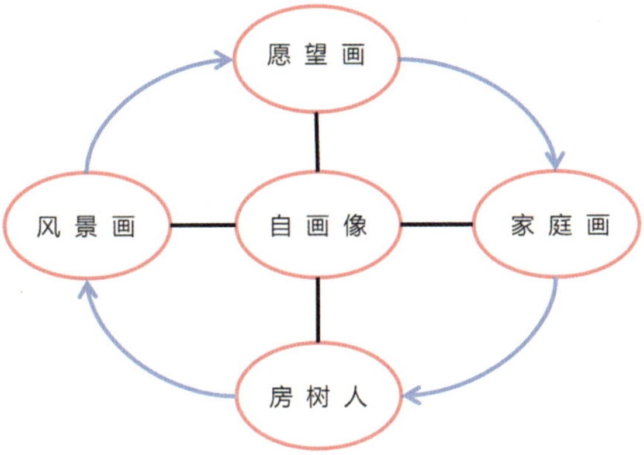

绘画干预的主要类型

自画像是绘画者对自我形象的认识，能够体现绘画者性格、爱好等个体特征。绘画者通过对自画像的释义，能够更加了解自己，并学会接纳和欣赏自己。

房树人是绘画者与外界接触的取向及生活模式的呈现，能体现绘画者的心理状态，使绘画者系统地释放出潜意识，帮助绘画者组织、整理自己的经历，了解事件的本质。

家庭画是绘画者家庭关系的呈现，能够表达出绘画者对家庭的态度，促进绘画者对自己家人的了解，并使其获得一定程度的家庭支持。

风景画是绘画者对外界态度的体现，能够呈现绘画者对世界的认识以及对世界的期待，也能呈现绘画者的心理健康状态。

愿望画能够体现绘画者现阶段的迫切需求以及绘画者对未来的期望。绘画者通过愿望画能够了解自己的需求，规划自己的未来，也能提升绘画希望的积极品质。

从绘画实施者来看，绘画干预可以分为三类：

一是个体绘画干预，指针对个体开展的绘画干预。

二是小组绘画干预，指以小组为单位开展的绘画干预。

三是集体绘画干预，指以集体为单位开展的绘画干预。

从干预目的看，绘画干预可以分为三类：

一是治疗性绘画干预，以治疗绘画者身心疾病为目标的绘画干预。

二是发展性绘画干预，以促进绘画者心理发展、激发其心理潜能为目标的绘画干预。

三是预防性绘画干预，以预防绘画者各类心理问题为目标的绘画干预。

（六）绘画干预的步骤

绘画干预可以分为五个步骤，见下图。

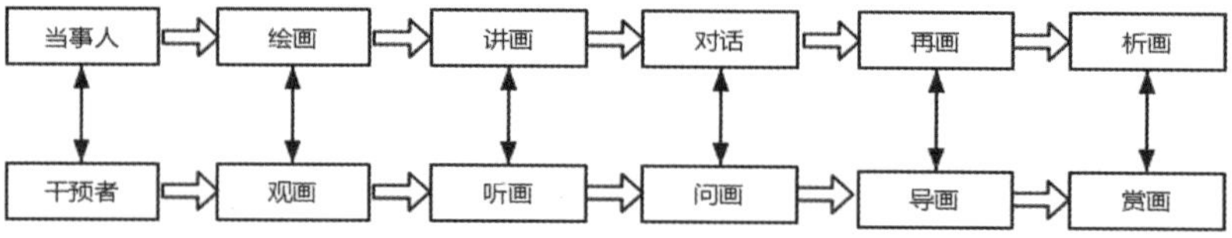

绘画干预的步骤

第一步：绘画与观画。干预者讲解完规则与导入语后，让绘画者自我创作。同时，引导者观察绘画者的绘画过程，包括其表情、肢体语言等，并将观察过程中产生疑惑的地方进行记忆，待绘画者绘画完毕后再询问。

第二步：讲画与听画。绘画者绘画完毕后，对自己的作品进行讲解，干预者安静地听完绘画者对作品的解释。

第三步：对话与问画。干预者通过询问，了解绘画作品中符号语言所表达的内容和缘由，并听懂绘画中的有声语言和无声语言（如动作、表情等）表达的内容，再根据观察分析作品所呈现的不同内容，及时准确地寻找与众不同和看似难以理解的细节之处，做出回应或询问，引导绘画者对自己以及作品产生新的认识。

第四步：再画与导画。干预者引导绘画者再画，让绘画者再次创作，或完善之前的作品。引导者再次观察、记录绘画者的绘画过程。

第五步：析画与赏画。干预者引导绘画者观察、分析两次绘画的不同，让绘画者看到变化，引导绘画者自我整合。

（七）绘画干预的不足及注意事项

绘画干预也存在不足，主要体现在两个方面：

一是对绘画的解释和评估受绘画者主观意识的控制，无法避免绘画者对绘画符号解释的掩蔽性。[3]

二是绘画团体干预实施较为困难，对绘画的理解受到较大限制，深入分析不足。

开展绘画干预要注意以下几点：一是引导语不要给予过多暗示，以免对绘画产生误导；二是尽量不要打扰绘画者的绘画过程；三是对符号的解释要尊重绘画者自己的理解，干预者不能主观判断；四是要注意观察绘画者的非语言表达，理解绘画者的绘画；五是不做消极评价，对绘画者的反馈要积极正向。

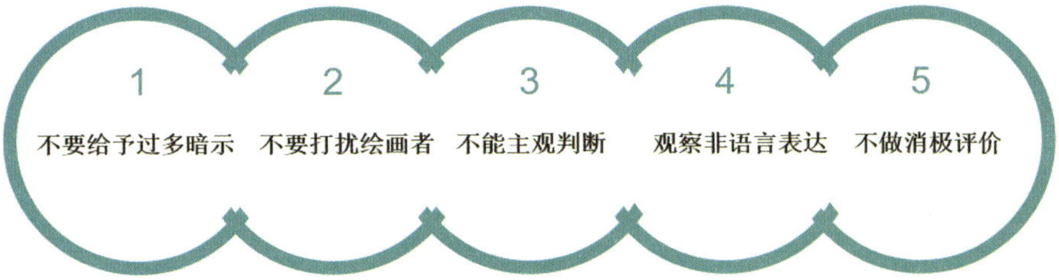

绘画干预需要注意之处

二、相关研究概述

20 世纪 20 年代，绘画艺术评定开始被用于心理测验。早在 1996 年，国外就有研究将绘画运用于对情绪的干预研究中[4]，将绘画治疗运用于一些特殊的干预对象[5]（孤独症、失聪、厌食症等生理或心理存在问题的人）。2001 年，我国关注将传统文化工具与艺术的治疗相互融合，同时借鉴国外研究成果，开始探讨绘画治疗在精神康复工作中的运用。[6]2004 年开始，绘画干预的研究主要被运用于精神患者的治疗。2008 年，此方法开始运用于对一般心理问题的干预。2015 年之后，绘画干预大多运用于较为严重的心理问题的干预。

（一）研究文献概况

在中国期刊网全文数据库中以“绘画干预”为主题检索到文献 123 篇，以“绘画干预”与“儿童”为主题检索到文献 62 篇，以“绘画干预”与“留守儿童”为主题检索到文献 5 篇。目前，针对留守儿童的研究文献很多，但绘画干预方面的研究较少，留守儿童绘画干预研究更少。项目组对 2004—2020 年中国绘画干预的研究文献进行了梳理，总结研究者的关注焦点及其变化，探讨有关的研究方向。

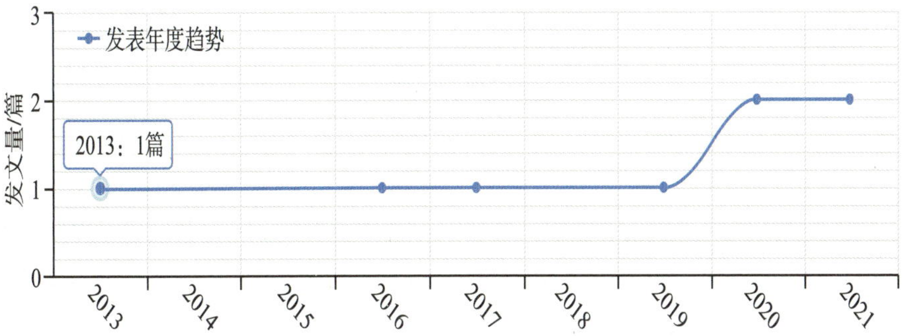

以“留守儿童绘画干预”为主题历年发表文献数量及趋势

（二）主要研究内容

对48篇“绘画干预”期刊文献和硕博论文进行阅读及归类，发现自2004年至今关于绘画干预的研究文献主要围绕各类不同经历的儿童[7]，采用团体干预（包括团体绘画干预和分组干预）和个体干预等不同干预方式，对儿童的情绪、攻击性[8]、人际关系[9]等方面进行研究。

关于儿童的绘画干预研究，学界有三个研究倾向：

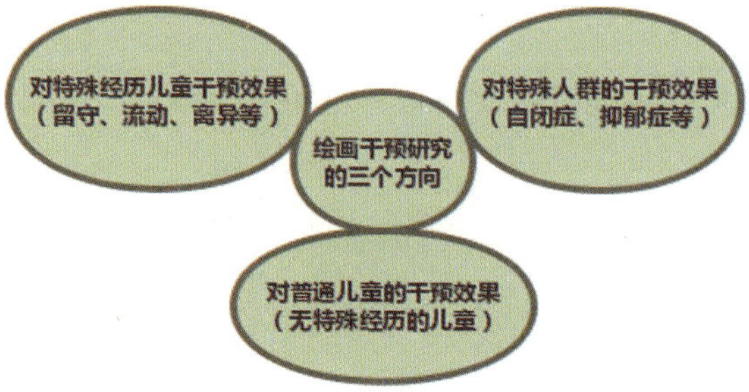

儿童绘画干预研究的三个倾向

一是倾向于探讨绘画治疗对特殊人群（自闭症、抑郁症等）干预效果：部分研究者分别通过个案研究和团体绘画辅导研究等方法，证实绘画艺术的干预方式能够促进自闭症儿童在创造力[10]、记忆力、观察力、思维能力[11]、社会交往能力等方面的发展，帮助其缓解症状的发生[12]；通过分组对比的方式，说明绘画这种干预形式能够增强自闭症儿童的情绪控制能力[13]，减少其伤害自己和他人的行为，有效提升其康复效果[14]；通过联合治疗的方式，提升其绘画能力，丰富其内心世界[15]，促进其表达自我，构建健康的心理状态[16]。部分研究者则倾向于采用团体绘画辅导的方式帮助抑郁症的青少年抒发其负面情绪[17]，提高自我认识[18]，增强其韧性[19]等积极品质，提高其社会适应力和社会交往能力，缓解其抑郁症状。还有部分研究者倾向于采用分组干预，通过干预组和对照组的对比，说明绘画治疗对注意力障碍儿童行为的积极影响[20]，对智力障碍儿童认知能力的发展、社会交往能力的提升[21]具有促进作用。

二是倾向于探讨绘画对特殊经历（留守、流动、离异等）儿童干预效果：部分研究者通过个案研究指出对留守儿童的绘画干预模式要建立在留守儿童的兴趣上[22]，运用绘画来帮助其获得家庭归属感、安全感[23]、成就感，增强其个人价值认同感[24]，缓解其孤独感，增强其自信心和自尊心；通过团体绘画干预实验研究指出绘画艺术对留守儿童的社会交往能力、自我认识和情绪管理能力均有积极作用[25]；通过对曾经留守的儿童进行调查、干预、对比分析，指出绘画治疗能够帮助其建立良好的社会支持体系，促进其心理健康发展[26]。部分研究者通过将绘画与积极心理学相结合，探讨其对流动儿童亲子关系、自信心的积极作用和对攻击行为的减少作用。[27]还有研究者通过团体绘画来改变离异家庭中儿童对愤怒的认知和表达方式[28]，帮助其更好地宣泄愤怒情绪。

三是倾向于探讨绘画对普通儿童（无特殊经历的儿童）干预效果。这类研究者主要研究绘画对儿童心理健康发展的影响，并且希望通过绘画帮助儿童抒发情绪，缓解压力，帮助其拥有健康的心理状态。[29] 其中，部分研究者倾向于将绘画作为一种媒介 [30-31]、一种测量工具 [32]，评估、判断研究对象的心理状态，探究其产生的原因，并将其作为宣泄情绪 [33]、缓解孤独感 [34]、增加耐挫力 [35]、增强自尊心 [36] 的一种手段。

（三）研究的不足及努力的方向

由上可见，我国在绘画干预领域的研究已取得了一定的进展，但仍存在如下不足：

一是研究对象跨度不足，样本数量有待增加。研究者对个体和团体干预对象的分析在年级、年龄、地域等方面的跨度都较为局限，且样本数量较少 [37]，应扩大研究对象的范围，增加样本数量，进行更准确的实证分析，并在研究中拓展视角，多层次、多方面地探索研究内容和干预形式。

二是研究工具稍显单一，研究方法有待多元化。研究者在绘画干预的相关研究中采用的研究工具几乎都是与研究内容相匹配的量表，虽然量表的内容、测量的维度有所不同，但是仅采用量表为研究工具，还是略显单一。研究工具的选择除了量表以外，也可以增加其他工具。[38] 研究方法上，研究者对实验法、问卷调查、数据分析法采用较多，文献研究法则局限于综述类文章中，访谈法、观察法的使用较少。

三是绘画内容稍有局限，绘画形式有待丰富。绘画内容的局限：大部分研究者倾向于采用房树人测验 [39]、曼陀罗绘画 [40-41] 等方式来对研究对象进行干预。而在实际的研究中，根据干预目的的不同，可以选择不同倾向的绘画主题和绘画内容，如以降低焦虑水平、缓解压力等释放情绪类为干预目的的研究可以选择情绪体验这种倾向于表达情绪的绘画活动，以促进自我认识、自我成长为干预目的的研究选择自画像、成就事件这类倾向于关注自我的绘画活动，以人际交往、社会支持为干预目的的研究选择房树人这类倾向于连接外界的绘画活动。此外，有部分研究者将音乐与绘画相结合 [39]、利用美术馆与绘画结合 [12]，让音乐、美术馆增强绘画干预的效果，但是此类方法在绘画干预研究领域内的运用较为贫乏。在未来的研究中可以增加此类研究。

三、本项目概述

2014 年起，项目组依托各类课题及项目，开展了绘画干预的相关研究与实践，多方面提升研究与服务的科学性、有效性和持续性。

（一）组建绘画干预研究与服务团队

组建了跨行业、跨学科的绘画干预研究与服务团队，团队由高校师生、教育行政部门负责人、科研院所研究员、中小学教师组成，涵盖心理学、美术学、社会学、教育学等学科领域。

（二）开展绘画干预专项研究

团队采用文献研究法了解已有绘画干预研究情况，采用问卷调查法调查留守儿童心理健康状况，采用实验法、作品分析法、案例分析法研究绘画干预的效果，采用行动研究法开展具体服务。团队指导立项并完成农村幼儿教育研究中心课题《绘画干预对农村留守幼儿心理健康的作用研究》，指导立项并完成大学生国家级创新创业项目《绘画干预对留守青少年身心健康的影响研究》、四川省大学生创新创业训练项目《儿童绘本馆》。

（三）完善绘画干预的具体内容

项目组参考已有绘画干预资料，开发了“自画像—家庭画—风景画—房树人—愿望画”五大绘画干预具体内容，具体指向绘画者对自我、家庭、环境的觉知后，完成自我与他人、环境的统合，最后植入正向期待和美好愿景。

（四）规范了绘画干预具体流程

项目组借鉴已有绘画干预方法，开发了绘画干预“绘画与观画—讲画与听画—对话与问画—再画与导画—析画与赏画”五步流程。

（五）规范绘画干预的实施过程

对带领者进行了活动干预前的培训、实施过程中的督导及实施后的反思与总结。

（六）开展留守儿童绘画干预实务

从 2015 年至今，执行团队在四川、贵州、云南等地开展了长期的留守儿童绘画干预活动。收集留守儿童绘画作品 3 000 余幅；留守儿童绘画干预网络课程被华东师范大学、中央广播电视大学采用；自编书籍《画语心声——留守儿童绘画作品赏析》被共青团宜宾市委志愿者培训项目采用，被宜宾市教育和体育局教师培训项目采用，用于宜宾学院心之荷志愿者协会志愿者培训，作为宜宾学院《留守儿童心理与社会服务》课程参考资料。

2019 年四川省教育扶贫现场会：留守儿童绘画作品赏析

第二节　留守儿童心理健康促进绘画辅导方案

相关研究及项目组前期研究均显示，留守儿童心理健康水平有较大提升空间。根据前期调研结果，项目组设计了三类方案：一是以个体为单位的绘画干预方案；二是以小组为单位的绘画干预方案；三是以集体为单位的绘画干预方案。

本节为大家呈现的是小组绘画干预方案。

一、活动名称

我相信我就是我

二、活动目标

（1）使留守初中生能发现自身更多的长处和优点，增强自尊感。
（2）使留守初中生了解自我的群体位置，获得积极反馈，增强自尊。
（3）使留守初中生增强希望感，树立自信心。

三、活动性质

封闭式、结构化、系统化干预。

四、活动对象及人数

留守初中生 18 人。

五、活动带领者及督导者

带领者：

何燕梅，国家三级心理咨询师，应用心理学专业，学习过《团体心理辅导》课程，接受过绘画干预专业培训，有多次团体辅导带领经验。

卢忆萍，应用心理学专业，宜宾学院心之荷志愿者协会会长，学习过《团体心理辅导》课程，接受过绘画干预专业培训，有多次团体辅导带领经验。

文清，美术教育专业，接受过绘画干预专业培训。

督导者：

何奎莲，应用心理学教授，心理咨询师，社会工作师，心理督导师，国家级创新创业项目《绘画干预对留守儿童心理健康的作用研究》指导教师。

张莉，美术学讲师，四川省创新创业项目《儿童绘本馆》指导教师。

六、活动次数及时间

活动共 8 次，每次 45 分钟，每周 1 次，持续 8 周。

七、活动场地及工具

安静的教室，保证干预过程不受干扰，适宜放松，容易集中注意力。
绘画用水彩笔、彩色蜡笔、橡皮泥、A4 纸、大白纸。

八、活动理论基础

（一）团体动力学

团体动力学把人的心理和行为视为一种场的现象[42]，认为团体作为一个整体，不是团体成员孤立的个别属性的简单相加，而是一个完整的系统。团体具有吸引各个成员的内聚力，这种内聚力来自团体成员对团体内部一定规范和价值的遵从，强有力地把个体的动机与团体目标联系在一起，使团体行为深深地影响并改变个体行为。

（二）投射理论

投射是一种心理防御机制，指个体将自己的过失或不为社会认可的欲念加诸他人，其作用是减轻焦虑的压力及保卫自我以维持内在的人格结构。投射是无意识主动表现自身的活动，是一种类似自由意志物在意识中的反映。绘画利用这种防御机制，帮助个体用非语言的象征性工具创作，创作的过程是个体表达自我潜意识内容的过程。

（三）大脑偏侧化理论

人类大脑两半球各自承担着独特的功能，存在着明显的分工。左半球与抽象思维、象征性关系以及对细节的逻辑分析有关，右半球与知觉和空间定位有关，具有音乐的、绘画的、综合的空间鉴别能力，这表明音乐、绘画、情绪等心理机能同属右半球掌控。因此，在活动中通过绘画这一介质，能够触及个体心灵深处。

（四）社会学习理论

社会学习理论是一种在行为主义刺激—反应学习原理基础上发展起来的理论，着重阐明人是怎样在社会环境中学习的。社会学习理论的研究成果为团体心理辅导中如何改变成员不适应行为提供了方法。社会学习理论认为，人们通常通过对他人的行为进行观察、模仿来学习和形成一种新的行为方式，尤其是对人们在社会生活中的各类行为进行观察学习。如果为那些适应不良的来访者提供多个可模仿的榜样，将有助于他们改变不适应的行为。

（五）自我效能感理论

人的行为是后天习得的，有两种不同的习得过程：一是通过直接经验获得；二是通过观察示范者的行为而习得。[50]通过对榜样的观察学习，获得成功的经验，可以对自己的能力充满自信，也就是增强自我效能感，进而增强自尊；反之，多次失败会降低对自己能力的评估，使人丧失信心，导致人很容易自卑。

（六）需要层次理论

马斯洛认为，每个人都有爱、归属和自我实现的需要，都渴望被别人接受、尊重或欣赏。不过现实生活中如果想得到他人的接受、尊重和欣赏，必须从自我开始，从给予别人开始。

（七）当事人中心治疗理论

该理论认为，只要创造一种最优化的心理气氛，每个人都有一种内在的自我理解和改变其对自己、对他人的看法的可能性，并能表现出自我指导的行为方式。[52]

九、绘画干预总计划书

绘画干预总计划书如表 2.1 所示。

表2.1　总计划书

单元序号	单元名称	单元目标	活动内容	时间/分钟	材料
一	认识你我他	相识、破冰，建立团队，为后面的活动打好基础，并促进成员的自我认识，增强自信	自我介绍、签订契约、我的自画像、活动分享	45	契约书、A4纸、水彩笔
二	过去与未来	帮助团体成员学会用动态、发展的眼光看待自己，提升成员希望的积极品质，增强团体成员的自尊	桃花朵朵开、过去与未来、活动分享	45	A4纸、水彩笔
三	听与说	促进团体成员间的互动，加强人际关系的建立，获得积极反馈，增强自尊	找领袖、你说我画、活动分享	45	A4纸、水彩笔
四	立体世界	引导成员思考创造力的作用：可以借助它完成我们想要的作品。同样，在生活中只要我们学会从更多角度看问题，就会得到更多解决问题的方法，改变偏执的个性，尝试新的方向，就能收获满意的生活	看我走过来、立体世界、活动分享	45	A4纸、水彩笔、橡皮泥
五	三人绘画	帮助团体成员学会信任他人，学习与他人合作的技巧和方法，促进成员在今后生活中学会相互合作，并增强自我认同感	你比我猜、三人绘画、总结	45	A4纸、水彩笔
六	集体力量	以集体的形式进行活动，将个人的人际关系上升到集体的关系，学会在集体中找到自己的优势，增强自尊感	击掌练习、集体的力量、活动分享	45	A4纸、水彩笔
七	不一样的白纸	帮助团体成员学会发挥自己的优势，利用自己的潜能及独特的个性特征完成自己想要的作品，让成员明白未来的生活同样需要发挥自己的优势，同时增强成员自信心	手撕纸、不一样的白纸、总结	45	A4纸、水彩笔
八	我的成长	团体成员总结开展团体绘画辅导活动后自己的成长与改变	比一比、我的成长、结束团体	45	《我相信》歌曲、A4纸

十、活动各单元详案

第一次活动方案及活动详案如表 2.2 所示。

表2.2　第一次活动方案

单元序号	一	单元名称	认识你我他	活动时间	45 分钟
单元目标	相识、破冰，建立团队，为后面的活动打好基础；促进成员对自我的认识				
活动名称	**活动目标**	**活动内容**		**时间/分钟**	**材料**
团体开始	了解团体及领导者	领导者自我介绍，介绍团体基本情况		2	
自我介绍	促进团体成员相互认识，建立团体；活跃气氛，奠定基础。在短时间内呈现出个体的特征	1. 将 18 名团体成员分为 3 个小组，每组 6 人 2. 以小组为单位，成员间相互进行自我介绍，介绍内容包括姓名、年级、班级、兴趣爱好，在介绍自己前需要向其他人重复上一位成员的自我介绍 3. 要求在最短时间内记住每位成员		8	无
签订契约	保护团体成员的利益和领导者的权力；对团体中的规则进行书面说明，为团体的有序运作提供保障	每位成员阅读及签订契约书		5	契约书
我的自画像	进一步加深团体成员对自己的认识、对彼此的了解	1. 每位成员在纸上画下自己的自画像并上色，自画像内容可以是人物，也可以用其他任何事物来象征自己，内容不限 2. 成员完成自画像后向其他成员展示，并解说自画像及创作过程		20	A4 纸、水彩笔
活动分享	团体结束，巩固效果	1. 分享本次团体活动的感受 2. 成员表达对团体绘画辅导活动的期待		10	无

第二次活动方案及活动详案如表 2.3 所示。

表2.3　第二次活动方案

单元序号	二	单元名称	过去与未来	活动时间	45 分钟
单元目标	帮助团体成员学会用动态、发展的眼光看待自己，增强成员希望感，增强团体成员的自尊				
活动名称	**活动目标**	**活动内容**		**时间/分钟**	**材料**
桃花朵朵开	活跃团体气氛，感受团体归属	1. 成员围成一个圆并顺时针走动 2. 领导者说出“桃花开”的口令，成员提问“开几朵”？领导者随机报数，成员迅速按领导者报出的数字抱在一起组成小团体，剩余成员即为淘汰者，继续进行下一轮，最后剩余 3 人即为活动结束 3. 交流活动感受		10	无

续 表

活动名称	活动目标	活动内容	时间 / 分钟	材料
过去与未来	让成员回顾过去，学会动态、发展地看待自我，树立对未来生活的自信，提升成员希望的积极品质	1. 成员将白纸分为两个相等的部分，分别代表“过去、未来” 2. 成员在相应的部分进行自由绘画。以展示自己的过去、现在和未来的不同 3. 小组内交流自己的画作。向其他成员分享自己的过去与未来分别是什么样的，在完成绘画后内心有什么感受，今后的目标是什么。领导者引导团体成员感受过去、未来的不一样	25	A4 纸、水彩笔
活动分享	团体结束，巩固效果	1. 分享本次活动收获 2. 布置家庭作业：探索自己的现在与过去、与未来有什么不同，想一想现在自己要做些什么	10	无

第三次活动方案及活动详案如表 2.4 所示。

表2.4　第三次活动方案

单元序号	三	单元名称	听与说	活动时间	45 分钟
单元目标	促进团体成员间的互动，加强人际关系的建立，获得积极反馈，增强自尊				
活动名称	**活动目标**	**活动内容**		**时间 / 分钟**	**材料**
找领袖	活跃团体气氛，增强成员间的亲密感	1. 回顾上一次活动并检查家庭作业 2. 选出两名成员作为“探索员”，让他们暂时远离活动现场 3. 选出一名领袖和一名“镜子”，“镜子”负责传达“领袖”的动作给其他成员，其他成员模仿“镜子”的动作来隐藏领袖然后请回“探索员”，找出领袖 4. 分享活动感受		10	无
你说我画	引导成员在人际交往过程中，学会倾听他人的诉说，理解他人，学习建立良好的人际关系	1. 团体成员自愿两人一组，由领导者发放 A4 纸，两人一张，先由其中一人描述其想要绘画的场景，另一人理解后完成绘画，再进行交换 2. 绘画结束后，两人一起分享在此次绘画过程中如何做到倾听和理解他人的意思并完成对方想要的绘画内容 3. 领导者引导成员对伙伴积极反馈		25	A4 纸、水彩笔
活动分享	结束，巩固效果。	1. 分享本次活动感受 2. 家庭作业：在遇到矛盾时可以采用哪些化解方法		10	无

第四次活动方案及活动详案如表 2.5 所示。

表2.5 第四次活动方案

单元序号	四	单元名称	立体世界	活动时间	45 分钟
单元目标	引导成员思考创造力的作用：可以借助它完成我们想要的作品。同样，在生活中只要我们学会从更多角度看问题，就会得到更多解决问题的方法，改变偏执的个性，尝试新的方向，就能收获满意的生活				
活动名称	**活动目标**	**活动内容**	**时间 / 分钟**	**材料**	
看我走过来	活跃气氛，激发兴趣，为成员提供展示自我的机会，使其发现自己的优势，增强自信，增强自尊	1. 回顾上一次活动 2. 成员从活动室外面向大家走到座位上（必须以自信的姿态），当每位成员走过来的时候，其他成员以热烈的掌声鼓励（可以两位成员相互配合一起走） 3. 成员可以采取自己的展示方式，但不能重复其他成员的形式 4. 分享活动感受	10	无	
立体世界	引导团体成员创作立体的绘画，带领团体成员分享多彩的立体的绘画作品，学会多角度看问题、看世界，并获得小伙伴的反馈，增强自信心	1. 领导者发放 A4 纸，成员利用水彩笔绘画立体的物品 2. 使用彩色橡皮泥将画面中某些物件变成立体的，完成一幅立体的绘画作品 3. 成员将绘画作品放于桌上，大家相互浏览观看，并分享各自制作的作品与想法 4. 成员相互赞美作品	25	A4 纸、水彩笔、橡皮泥	
活动分享	结束，巩固效果	分享本次团体的感受	10	无	

第五次活动方案及活动详案如表 2.6 所示。

表2.6 第五次活动方案

单元序号	五	单元名称	三人绘画	活动时间	45 分钟
单元目标	帮助团体成员学会信任他人，学习与他人合作的技巧和方法，促进成员在今后生活中学会相互合作，并增强自我认同感				
活动名称	**活动目标**	**活动内容**	**时间/分钟**	**材料**	
你比我猜	活跃团体气氛	1. 回顾上一次活动 2. 成员分为 3 个组进行比赛，每组成员列队站立，领导者告诉每组第一名成员一个词语，要求用肢体动作或面部表情传递给下一名成员，在此过程中不能说话，只能做动作，依次传递至最后一名成员，最后的成员说出答案，用时最短且答对的小组胜利 3. 分享活动感受	10	无	

续　表

活动名称	活动目标	活动内容	时间/分钟	材料
三人绘画	引导团体成员学会合作，在合作过程中增强自我认同感	1.3 人一组，领导者给每组发放一张 A4 纸 2. 由其中一位成员先在纸上画下任一物件，传递给下一位成员进行补充绘画，依次传递，直到成员认为画面已经很丰富，不需要再补充内容 3. 小组 3 人一起分享绘画过程 4. 在团体中展示自己小组的作品，并分享活动收获	25	A4 纸、水彩笔
总结	结束，巩固效果	领导者总结	10	无

第六次活动方案及活动详案如表 2.7 所示。

表2.7　第六次活动方案

单元序号	六	单元名称	集体力量	活动时间	45 分钟
单元目标	以集体的形式进行活动，将个人的人际关系上升到集体的关系，学会在集体中找到自己的优势，增强自尊感				
活动名称	活动目标		活动内容	时间/分钟	材料
击掌练习	活跃气氛，激发兴趣；增强成员的自尊		1. 成员先猜测自己一分钟能击掌多少下 2. 所有成员一起尝试一分钟能击多少次掌 3. 分享结果及活动感受	5	无
集体力量	让成员明白集体的力量，学会融入集体，并在群体中找到自己的位置，看到自己的优势，增强自尊		1. 领导者发放一张大纸，所有成员同时绘画 2. 绘画过程中不能用语言或者其他方式交流 3. 成员依次分享对画作的理解及绘画的心路历程 4. 分享结果及活动感受	30	A4 纸、水彩笔
活动分享	结束，巩固效果		分享活动感受	10	无

第七次活动方案及活动详案如表 2.8 所示。

表2.8　第七次活动方案

单元序号	七	单元名称	不一样的白纸	活动时间	45 分钟
单元目标	帮助团体成员学会发挥自身优势，利用自己的潜能及独特的个性特征完成自己想要的作品，让成员明白未来的生活同样需要发挥自己的优势，同时增加成员自信心				
活动名称	活动目标		活动内容	时间 / 分钟	材料
手撕纸	让成员意识到每个人都是独特的个体，思考方式都不相同		1. 回顾上一次活动 2. 领导者给每位成员发放一张 A4 纸，要求成员闭上眼睛，在领导者的指示下将纸对折，再对折，在四个边角上分别撕下一个长为 1 厘米的口子，然后睁开眼睛，打开纸张，会看到大家的图案并不都相同 3. 分享对指导语的理解，并交流活动感受	5	A4 纸

续　表

活动名称	活动目标	活动内容	时间 / 分钟	材料
不一样的白纸	促使团体成员明白每个人独有的优势和特征	1. 领导者发放提前准备好的带有相同图案（石头）的白纸，让成员在白纸上自由进行绘画创作。 2. 相互参观大家的绘画作品，分享创作过程	30	A4 纸、水彩笔
活动分享	结束，巩固效果	分享活动感受	10	无

第八次活动方案及活动详案如表 2.9 所示。

表2.9　第八次活动方案

单元序号	八	单元名称	我的成长	活动时间	45 分钟
单元目标	使团体成员回顾开展团体绘画辅导活动后自己的成长与改变				
活动名称	**活动目标**	**活动内容**		**时间 / 分钟**	**材料**
比一比	活跃气氛，增强团体凝聚力，增强成员间的亲密感	1. 将成员分为 3 组，每组 6 人；每组派出一位他们认为会赢得此次比赛的成员 2. 等每个小组确定派出的人选之后，领导者再说要比什么 3. 记录每次比赛的结果，最高得分组为获胜组 4. 分享活动感受		10	无
我的成长	帮助成员回顾总结参加活动以来的变化	1. 成员回顾整个活动，画出参加活动的感受与收获 2. 成员分享绘画的内容 3. 领导者做最后的总结		25	A4 纸、水彩笔
结束团体	成员间相互鼓励，结束团体	1. 所有成员一起齐唱《我相信》 2. 领导者给大家送上祝福，并感谢全体成员对团体的支持		10	《我相信》

第三节　绘画干预对留守儿童心理健康的作用

自尊是一种积极、肯定的体验，制约着人的情绪情感，间接影响着人的活动，从而影响人的精神面貌。留守初中生正处于青春期，身心变化巨大，叛逆心开始加重，情绪极易不稳定，父母不在身边，遇到困难和问题难以获得父母的帮助与支持，因此留守初中生可能会出现自尊水平偏低的现象。目前，我国对自尊的研究对象多集中于大学生、非留守的中学生，很少有以留守群体为对象的自尊研究。本研究探讨小组绘画干预方式对留守初中生自尊的影响。

一、研究过程

（一）确定研究目标

选择留守初中生的自尊作为研究方向，探讨小组绘画干预对留守初中生自尊的影响，以期为留守初中生自尊方面的研究提供理论参考，为留守初中生的心理健康干预提供实践参考。

（二）遴选活动带领者

领导者：何燕梅，国家三级心理咨询师，应用心理学专业，接受过专门的团体辅导、绘画干预培训，有多次团体活动经验。在活动带领前接受指导教师培训，确保胜任力。同时在活动过程中接受督导，确保专业性。

督导者：何奎莲，应用心理学教授，心理咨询师，心理督导师。

（三）确定研究工具

1. 自尊量表

自尊量表（SES）是由 Rosenberg 于 1965 年编制的最初用以评定青少年关于自我价值和自我接纳的总体感受的量表，这目前是我国心理学界使用最多的自尊测量工具。

该量表由 10 个条目组成，设计中充分考虑了测定的方便。被试直接报告这些描述是否符合他们自己。分四级评分，1 表示非常符合，2 表示符合，3 表示不符合，4 表示很不符合。由最初来自美国纽约的样本得出，总分范围是 10 ～ 40 分，分值越高，自尊水平越高。

本量表具有良好的信度、效度。信度：Cronbach α 系数分别为 0.77 和 0.88，对 28 名被试首次评定后的两周末再评定，重测相关系数是 0.85，对 259 名被试 1 周后的重测相关系数为 0.82。效度：与许多和自尊有关的概念有联系。Lorr 及 Wunderlich 报告自尊量表的得分与信心的相关系数为 0.65，与合群性的相关系数为 0.39。Fleming 等证明与几个涉及自我评价过低的概念呈负相关，例如，与焦虑的相关系数是 –0.64，与抑郁的相关系数是 –0.54。区分效度研究中，Reynolds 发现总分与功课平均分无显著性相关。Fleming 等发现总分与下列因素无显著相关：性别、年龄、工作经验、婚姻状况、排行及学习成绩。[59]

2. 自编活动评价量表

自编活动评价量表，对活动的满意度、活动中自己的投入度、帮助程度、带领者的投入度、活动中的收获与成长、是否愿意继续参加类似活动六个方面进行评价。

（四）确定研究对象

采用分层抽样的方法，以年级为单位，选取宜宾市某乡镇学校初一、初二年级学生；再以班级为单位，选取初一、初二各一个班；以是否留守为标准，选取两个班级中留守的学生；对学生进行前测，了解其自尊水平。根据前测数据的结果和老师提供的学生平时的具体情况确定对象，将其随机分为实验组和对照组，各 20 人，但在第一次有两位学生因为特殊原因未到，最终实验组成员为 18 人，为使数据对比更加清晰，我们将对照组成员缩减至 18 人。研究中没有选择初三的学生，是因为干预活动需要大量的时间，而初三学生面临中考，时间很紧且学业繁重，难以保证活动参与的时间和次数。研究对象中男生 17 人，女生 19 人；12 岁 9 人，13 岁 20 人，14 岁 7 人；七年级 19 人，八年级 17 人；乡村 16 人，镇上 20 人。

（五）设计干预方案

根据研究目标和参与者心理特征，督导者和带领者共同设计绘画干预方案。活动共 8 次，具体内容见本章第二节。在每一阶段绘画团体辅导活动结束后，根据成员的参与程度和表现对下一阶段绘画团体辅导的方案进行再修改，直至绘画团体辅导活动全部结束。

（六）活动实施

在指导教师督导下，带领者对留守学生进行绘画干预，每周 1 次，持续 8 周。在最后一次活动结束时进行后测。前测和后测的实施时间相差约 2 个月。实验组的 18 名被试每周进行一次团体绘画辅导，每次活动时间 45 分钟，共进行 8 周。两组都进行日常的学习生活，但对照组不进行任何干预。在活动开始前，让被试清楚活动性质、规则、权利和义务，所有被试表示愿意参与此团体活动，并在团体契约书上签字。最后一次活动做完，及时进行后测，整理，分析数据，得出结论。最后将所有已收集数据进行整理归纳，利用 SPSS 工具对数据进行独立样本 t 检验和配对样本 t 检验，

二、干预结果

（一）数据处理

本研究对回收的 36 份 SES 问卷进行数据处理分析。首先，用 SPSS22 将实验组和对照组的前测数据进行独立样本 t 检验；其次，将实验组和对照组的后测数据进行独立样本 t 检验；再次，将对照组的前后测数据进行配对样本 t 检验；最后，将实验组的前后测数据进行配对样本 t 检验。

（二）数据分析

自尊在实验组和对照组前测中的差异如表 2.10 所示。

表2.10 自尊在实验组和对照组前测中的差异

	$M \pm SD$	t	P
实验组前测	27.67 ± 4.690	0.548	0.588
对照组前测	26.83 ± 4.436		

表 2.10 表明，在前测中，实验组和对照组都无显著性差异，由此得出实验组和对照组的自尊水平是一致的，也说明实验组和对照组是同质，为分组以及后面的辅导提供了数据依据。

自尊在实验组和对照组后测中的差异如表 2.11 所示。

表2.11 自尊在实验组和对照组后测中的差异

	$M \pm SD$	t	P
实验组后测	29.33 ± 2.142	2.351	0.027
对照组后测	26.50 ± 4.643		

注：$p \leqslant 0.05$ 表示差异性显著。

表 2.11 表明，在后测中，实验组和对照组在自尊水平上存在显著性差异，由此得出在研究中使用绘画辅导对提升被试的自尊水平有一定的影响。

自尊在对照组前后测中的差异如表 2.12 所示。

表2.12 自尊在对照组前后测中的差异

	$M \pm SD$	t	P
对照组前测	26.83 ± 4.436	0.281	0.782
对照组后测	26.50 ± 4.643		

表 2.12 表明，对照组前后测的自尊水平 P 值大于 0.05，没有显著差异，由此说明对照组在两个月后自尊水平没有差异。

自尊在实验组前后测中的差异如表 2.13 所示。

表2.13 自尊在实验组前后测中的差异

	$M \pm SD$	t	P
实验组前测	27.67 ± 4.690	−2.305	0.034
实验组后测	29.33 ± 2.142		

注：$p \leqslant 0.05$ 表示差异性显著。

表 2.13 表明，实验组前后的自尊水平 P 值小于 0.05，有显著差异，由此说明实验组经历两个月的辅导后自尊水平与辅导前有显著差异。

三、讨论与分析

（一）绘画团体干预提升了留守初中生的自尊水平

通过对比分析，发现绘画团体辅导前实验组和对照组在自尊水平上均无显著差异，实验组在绘画团体辅导前后自尊存在明显差异，而对照组在绘画团体辅导前后的自尊水平不具有显著差异，说明绘画干预对提升留守初中生的自尊水平有显著效果。

团体绘画达到了目标。绘画过程可以激发个体潜意识里的冲突，能使个体潜意识的部分得以呈现，从而使个体获得情感上的满足，还能促进个体内部冲突的解决。因此，绘画可以帮助个体澄清现实，积极面对生活，达到提升自尊水平的效果。

综上所述，经过系列绘画干预，被试提升了自尊水平。团体绘画辅导对提升留守初中生自尊水平有显著效果，绘画干预是提升留守初中生自尊水平的有效方法。

（二）绘画团体干预提升了留守初中生的表达与倾听能力

带领者、督导者观察发现：在绘画活动的开始阶段，大部分被试都很羞怯，并且都有一些共同的特点，比如，团体成员来自初一和初二年级，每一次活动他们都是两个年级分开坐，不会混合着坐，与此同时，团体成员也相互不了解。但是，在绘画辅导快要结束时，大部分被试能够积极倾听其他成员的分享，不懂时还向其他成员提问，并且接受团体其他成员对自己的看法，表达自己真实的想法，对其他成员表示接纳和支持。有的被试一开始特别沉默，每次到分享交流时都会低头不说话，随着活动的开展，在结束时都能大方地以绘画的形式与其他人交流，积极举手分享。

活动评价表及参与者小结显示，绘画干预能够促进留守初中生的人际交往、自尊水平的提高。

四、不足与反思

（一）不足

一是研究对象范围过窄。由于现实条件有限，在样本选择上只对两个班级进行抽样，被试的广泛性不够，数量较小。需要进一步扩大研究范围和区域，得出更具有说服力的结论。

二是研究深度不够。在活动过程中发现个别留守初中生的某些问题，由于带领时间有限，带领者担心无法在短时间内处理他们的问题，没有进行及时处理。

三是效果评估不全面。活动结束后进行了问卷测评和活动评价，而活动评价会受主观因素影响，所以应采用绘画的手段进行多方位评估。

（二）反思

一是研究对象的选择范围可以扩大。在今后的研究中，要充分考虑不同学段、不同地区留守儿童，针对不同研究对象适当改变绘画干预的内容，以便让更多的人得到帮助。

二是在实施绘画团体辅导活动的过程中可以适当针对个别问题较重的成员进行个案辅导，以便解决成员的心理问题。

三是社会各界的协作。由于留守初中生是一个庞大的群体，对他们的心理问题进行辅导需要更多的人力、物力和财力，应联系当地的政府以及各种机构，建立长期有效的合作机制，高效解决更多留守初中生的问题。

“益守幸福”留守学生团体心理辅导

带领者简介：胡雪梅，三级心理咨询师，宜宾市天立学校专职心理教师，接受过系统团体心理辅导理论学习及实务训练，2020 年四川省心理健康教育微课展评一等奖获得者，中央广播电视大学教育部“国培计划——中小学骨干教师远程培训项目”主讲专家。

寄语留守：心有阳光，花必盛开。

※ 案例重温

小明，男，小学三年级，黑瘦矮小，身上脏兮兮的，不说话，不微笑，不和我们的目光有任何接触。小明是从村小转过来的，之前父母一直在外打工，他和奶奶生活在一起。奶奶对小明的照顾仅限于有饭吃，有衣穿，缺少交流。父亲没文化，不喜欢与人交流，酗酒，打牌，喝醉后打骂小明。小明妈妈在多次家暴后逃离了这个家，再也没回来。10 岁的小明无法正常学习，平时不说话，也不笑，不同任何人交流，上课常常发呆，点名也无反应，成绩非常差，好几科 0 分。

显然，传统的语言交流方式不适合小明，我们采用了绘画干预方式对小明进行辅导。每周 1 次，连续 5 周。第 5 次干预后，小明可以笑眯眯和大家打招呼，会和带领者简单交流。

小明参与绘画干预第 1 次、第 3 次、第 5 次的作品

你看到变化了吗？

本章参考文献

[1] 杰拉尔德·D. 奥斯特，帕特里夏·古尔德·科农 . 绘画心理评估与治疗 [M]. 何伦，等，译 . 南京：东南大学出版社，2013.

[2] 何瑶波 . 绘画疗法刍议 [J]. 校园心理，2012，10(3):187–188.

[3] 崔建华，谢小璐 . 对自闭症儿童进行绘画治疗干预的实验研究 [J]. 唐山师范学院学报，2013，35(4):127–130.

[4] REESE S H. art therapy as a catalyst for affective expression with emotionally/behaviorally disturbed children in educational settings [D]. Pepper Pike: Ursuline College， 1996.

[5] 魏源 . 国外绘画心理治疗的应用性研究回顾 [J]. 中国临床康复，2004(27):5946–5947.

[6] 费明 . 传统文化工具与艺术心理治疗 [J]. 现代康复，2001(21):24–25.

[7] 陈佳乐 . 联合国框架下的儿童权利保护研究 [D]. 北京：外交学院，2020.

[8] 李科生 . 工读学生攻击性绘画治疗的初步研究 [D]. 长沙：湖南师范大学，2012.

[9] 魏源 . 绘画是人们最适宜的心灵表达方式——绘画在心理治疗中的应用及其作用机理 [J]. 医学与哲学，2005(3):59–60.

[10] 岳雯，魏宁昕，吴秋颖 . 浅谈创意绘画对自闭症儿童情绪的干预 [J]. 文教资料，2020(12):66–68.

[11] 张雯 . 自闭症儿童多因素调查分析及绘画艺术治疗干预 [D]. 太原：山西医科大学，2009.

[12] 温虹 . 美术馆自闭症儿童绘画干预治疗项目研究 [J]. 现代特殊教育，2016(15):52–55.

[13] 朱天慰 . 自闭症儿童个别化绘画干预个案分析 [J]. 现代特殊教育，2016(15):58–59.

[14] 余姝，林琳 . 自闭症儿童绘画干预治疗实验研究 [J]. 艺术科技，2017，30(6):396，409.

[15] 包文霞 . 例谈自闭症儿童绘画干预治疗 [J]. 现代特殊教育，2016(15):56–57.

[16] 蔡红秀 . 多方合作，开展自闭症儿童绘画干预治疗 [J]. 现代特殊教育，2016(15):50–51.

[17] 王宁，刘烟，陈冉，等 . 团体绘画治疗对青少年抑郁症患者情绪及执行功能的影响 [J]. 河北医科大学学报，2019，40(2):212–215.

[18] 刘秋竹，尹戈 . 绘画治疗对情障儿童自我意识干预的个案研究 [J]. 乐山师范学院学报，2019，34(2):132–138.

[19] 王宁 . 团体绘画治疗对青少年抑郁症患者自尊水平及韧性的影响 [D]. 石家庄：河北医科大学，2018.

[20] 樊香麟，苑璞 . 绘画疗法对注意缺陷多动障碍儿童干预效果分析 [J]. 中国学校卫生，2020，41(4):543–546，550.

[21] 王春丽 . 团体绘画艺术治疗在智力障碍学生心理健康教育中的应用研究 [D]. 昆明：云南师范大学，2018.

[22] 宗传玉 . 留守儿童绘画心理干预形式及其应用策略 [J]. 湖南包装，2020，35(2):66–68.

[23] 王鹏 . 绘画对农村留守儿童情感问题治疗的个案研究 [D]. 长沙：湖南师范大学，2016.

[24] 黄珊珊 . 绘画治疗对改善农村留守儿童疏离感问题的个案干预研究 [D]. 长沙：湖南师范大学，2019.

[25] 易红，王祝康 . 绘画艺术治疗在城市留守儿童心理干预中的应用——重庆图书馆的探索与实践 [J]. 山东图书馆学刊，2013(2):72–75，80.

[26] 冯海燕 . 曾留守职高生疏离感的现状调查及绘画治疗的干预研究 [D]. 昆明: 云南师范大学，2015.

[27] 周正怀，李科生 . 绘画心理辅导对流动儿童攻击性干预——基于积极心理学视野 [J]. 湖南第一师范学院学报，2017，17(4):34–40.

[28] 张静 . 绘画团体疗法改善离异家庭初中生愤怒情绪的探索研究 [D]. 昆明：云南师范大学，2013.

[29] 尹梦丽 . 儿童原创绘画对儿童心理健康发展的干预 [J]. 美与时代（上），2020(2):45–47.

[30] 吴美娟 . 绘画心理咨询在高职学生危机干预中的运用 [J]. 文学教育（下），2018(4):148–149.

[31] 魏绮雯 . 初中生情绪智力、心理压力感与社会适应性的关系研究 [D]. 广州：广州大学，2019.

[32] 殷友莲 . 绘画团体辅导对高年级小学生孤独感的干预研究 [D]. 昆明：云南师范大学，2017.

[33] 栾菁 . 艺术教育治疗取向的美术活动对分离性焦虑情绪困扰儿童影响的个案研究 [D]. 南昌：江西科技师范大学，2019.

[34] 马晓甲 . 青少年孤独感特点及绘画团辅干预效果研究 [D]. 南京：南京师范大学，2019.

[35] 李洁，黄仁辉，高岚 . 绘画团体心理辅导对初中生心理耐挫力的干预研究——以自尊为切入点 [J]. 教育学术月刊，2014(10):72–76.

[36] 马淑芬，李鹤展，邹晓波，等 . 绘画疗法对初三学生焦虑情绪的干预研究 [J]. 国际精神病学杂志，2018，45(5):878–880.

[37] 王瀚巍 . 团体绘画对小学五年级学生同伴关系质量促进的研究 [D]. 沈阳：沈阳大学，2020.

[38] 刘秋竹，尹戈 . 绘画治疗对情障儿童自我意识干预的个案研究 [J]. 乐山师范学院学报，

2019，34(2):132–138.

[39] 樊香麟 .ACT 联合绘画疗法对高自我污名孤儿干预研究 [D]. 大庆：东北石油大学，2020.

[40] 禄晓平，陈青萍，明兰 . 曼陀罗绘画疗法对自闭症儿童康复效能评价 [J]. 中国学校卫生，2017，38(8):1179–1182.

[41] 陈曦 . 彩绘曼陀罗对高中生焦虑情绪干预的研究 [D]. 临汾：山西师范大学，2013.

[42] 李琳 . 农村留守初中生自尊结构与心理健康及其应对方式的关系 [J]. 青少年研究与实践，2016，31(1):14–18.

[43] 刘春梅 . 初中生自尊发展特点的研究 [J]. 哈尔滨学院学报 (教育)，2002(4):60–63.

[44] 吴娟娟 . 自我认识团体辅导对留守初中生自尊发展的影响研究 [D]. 重庆：西南大学，2008.

[45] 赵香华 . 绘画治疗，解读心灵的“锁钥”[J]. 心理技术与应用，2014(1):53–56.

[46] 周丽 . 关于“绘画心理疗法”独特作用的综述 [J]. 江苏社会科学，2006(S1):61–63.

[47] 杨祥英，蒙华庆，胡华 . 绘画在团体心理治疗中的应用 [J]. 临床精神医学杂志，2013，23(1):64–66.

[48] 邱鸿钟，梁瑞琼，陈琳莹，等 . 绘画治疗在心理康复中的作用研究进展 [J]. 中国健康心理学杂志，2015，23(5):788–792.

[49] 段抒含 . 团体绘画辅导对即将出监女性服刑人员心理健康及自尊水平的干预研究 [D]. 昆明：云南师范大学，2017

[50] 王林跃，孙佳峰，刘爽 . 初中生自尊发展与人际素质的关系研究 [J]. 中国健康心理学杂志，2011，19(12):1470–1472.

[51] 苏哲 . 绘画疗法对初中生低自尊的干预研究 [D]. 重庆：重庆师范大学，2016.

[52] 田芝 . 大学英语学习中的自我效能感的影响因素研究 [D]. 武汉：华中师范大学，2013.

[53] 张杰 . 留守初中生学业成绩的自尊感影响及培养途径 [J]. 江汉大学学报 (社会科学版)，2013，30(4):103–105.

[54] 冯晓阳 . 初中生自尊与攻击性关系研究 [D]. 北京：中国政法大学，2011，03，01.

[55] 周若愚，赵建新，黄本兴，等 . 五年制高职学生自尊内隐效应对学业成绩的影响 [J]. 中国健康心理学杂志，2014，22(6):951–954.

[56] 刘锋 . 大学生自尊及其与社会支持的关系研究 [D]. 南昌：江西师范大学，2006.

[57] 宋法明，温晓媛 . 儿童个人自尊对其运动参与阻碍因素的影响 [J]. 武汉体育学院学报，2015，49(8):72–77， 86.

[58] 仇光霞 . 内隐自尊的结构及内隐自尊与外显自尊的关系研究 [D]. 北京：首都师范大学，2008.

[59] 刘广增，张大均，潘彦谷，等 . 中学生心理素质与同伴关系的研究：自尊的中介作用 [J]. 心理科学，2016，39(6):1290–1295.

第三章　运动干预在留守儿童中的运用

当言语无法触及——

何妨让身体讲述生命的故事与智慧？

我运动，我健康。

我健康，我幸福。

宜宾学院党委统战部“向阳花开”——菜坝中学留守儿童运动干预

活动带领者：刘涛，俄罗斯体育大学硕士在读（体育教育训练学专业），俄罗斯社会心理学专业选修硕士（非全日制），俄罗斯初级注册教练员（初级），户外拓展培训师，青少年成长指导培训师，国家二级篮球运动员，国家二级篮球裁判，国培计划“乡村教师培训”留守儿童运动干预主讲教师。

寄语留守：心若向阳，花必盛开！

本章导读：

本章内容共分三节。

第一节是知识链接——运动干预概述，内容分为三部分：一是运动干预的概念、类型、特点、功能及运用；二是相关研究的趋势、主要内容及不足；三是本项目简述。

第二节是方案链接——留守儿童心理健康促进运动干预方案，以典型案例的方式，介绍了小组运动干预方案、集体运动干预方案，以期为读者开展运动干预提供借鉴和参考。

第三节是效果评估——运动干预对留守儿童心理健康的促进作用，主要介绍了本项目小组运动干预实验的效果。

2019 年四川省教育扶贫现场会：高县庆岭乡中心校留守儿童运动干预

活动带领者：刘孝青，体育教育专业，户外拓展培训师，青少年成长指导培训师，国家二级篮球运动员，国家二级篮球裁判，国培计划“乡村教师培训”留守儿童运动干预主讲教师。

寄语留守：心灵蕴藏于身体，运动孕育着快乐。

※ 知识链接

第一节　运动干预概述

“生命在于运动”，运动不仅能让身体更健康，还能促使大脑分泌内啡肽，合成体内的血清和多巴胺，传递亢奋和欢愉的信息，让人感到快乐，从而促进个体的心理健康。孩子天生喜欢游戏性的运动，因而运动干预是留守儿童较为喜欢且效果显著的一种心理干预方式。

一、什么是运动干预

（一）运动干预的概念

运动干预指以创意性趣味体育运动为引导，通过兴趣激发、理念导入、巩固检验，对人的身心健康、社会适应能力、价值观、人生观等生命需求产生有效影响，从而促进个体或团体身心健康的一种干预方式。在运动干预中，常常采用体育游戏来进行干预。体育游戏是规则游戏的一种。设计者将某种体育活动加上情节、规则、胜负等内容，从而增强活动的趣味性，提高参与者的积极性。运动干预经历了 4 个发展阶段：开始主要用于强身健体，后来用于各类身体疾病的辅助治疗，再后来发展为心理治疗的辅助手段，目前已成为心理治疗及心理辅导的方法之一。

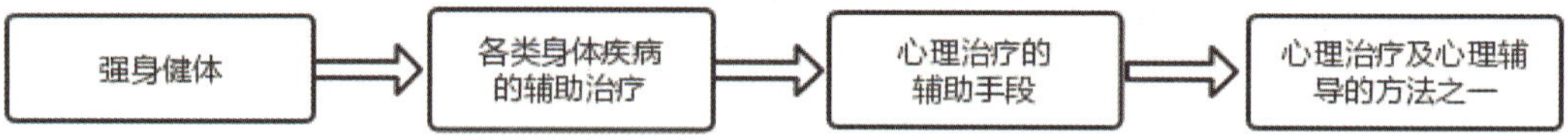

运动干预的发展阶段

（二）运动干预的类型

运动干预可以分为三类：一是结合课程开展的运动干预，如体育课、健身课；二是整合体育干预，如运动活跃的文化课、课间休息整合运动干预和课后运动作业；三是专项体育项目干预，包括课外体育锻炼项目、运动营和其他体育项目干预。三种不同类型的长期运动干预对儿童和青少年均有效果，但不同运动干预模式对儿童和青少年执行功能的影响不尽相同。[1] 三类运动干预中都可以包含体育游戏。

（三）运动干预的功能

运动干预具有多种功能，最明显的功能有三个：

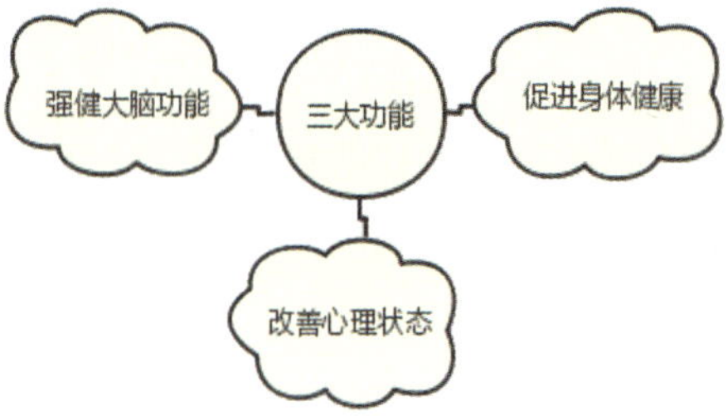

运动干预最明显的三个功能

一是促进身体健康。运动可以消耗热量，提高心肺功能，促使我们保持合适的体重，预防多种慢性病，预防骨质疏松症，提高睡眠质量，从而有效降低个体和人群慢性病的发生、发展和病死率，提升生命质量。

二是强健大脑功能。运动是体力和脑力挑战的结合，能最大限度地激活大脑区域。运动会促使大脑发出的信号沿着相同的神经细胞网络传导，巩固神经细胞之间的联系。运动会让连接小脑、基底核与前额叶皮层的神经回路变得活跃；不断重复练习会让神经纤维外面形成更厚的髓鞘，提高信号发送的质量和速度，继而提高神经回路的效率；运动能刺激更多脑源性神经营养因子受体的产生，增强神经元之间的联系以巩固记忆。此外，户外运动还可以呼吸新鲜空气，提高机体的氧含量，提高大脑思维的敏捷性。

三是改善心理状态。心理是人脑对客观现实的主观反映，大脑细胞或神经元的相互连接情况控制着我们的心理反应，我们的思想、行为和环境也会影响细胞的连接方式。通过运动带来的大量信息刺激，大脑会不断形成新的神经线路；运动能促使大脑分泌内啡肽，合成体内的血清和多巴胺，多巴胺能传递亢奋和欢愉的信息，从而改善我们的心理状态，提升我们的快乐指数。运动干预的环境相对融洽、轻松，能让人缓解压力；运动干预通常在团体中进行，能协助个体找到归属感，强化人际沟通、表达、合作能力；运动干预通常具有一定的挑战性，能促使个体挖掘潜能，塑造其果敢、顽强、自信等人格特质。

（四）运动干预的原则

在进行运动干预时，要注意以下原则：

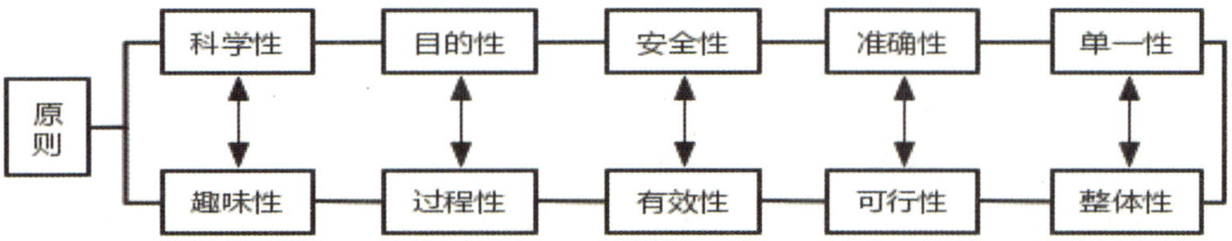

运动干预要注意的原则

一是科学性和趣味性。运动干预是科学性和趣味性的结合。首先，设计的运动要科学，符合被干预者身体发展特点及运动的基本规律。其次，运动干预不同于专门的技能或体能训练，不能仅强调运动的科学性和严谨性，还要注意活动的趣味性，要能吸引参与者。设计者要尽量在专业性的基础上去转化技术的表现形式。

二是目的性和过程性。运动干预要考虑目的性和过程性的结合。运动干预的目的是促进参与者的身心健康发展，而非纯粹的玩乐和技能训练。同时，为了达到目标，运动干预的过程要循序渐进。

三是安全性和有效性。运动干预要兼顾安全性与有效性。运动干预必须考虑参与者个体的身心状况和承受能力，考虑设备、设施、器具及场地的安全，活动的安全。同时，要考虑活动的有效性，精准设计活动项目。

四是准确性与可行性。在评估运动干预的效果时，要考虑到检测的准确性和实用性。选择能准确检测运动效果的方式来评估。但运动干预不是专门的心理实验，要考虑到评估方式的可行性。

五是单一性与整体性。对于运动干预的效果，既要看到运动的直接效果，又要看到运动的间接效果，即对个体整体健康的改善作用。

二、相关研究概述

（一）已有研究文献概况

笔者在中国知网以“运动干预”为主题进行检索，共检索到相关文献 15 362 篇，可见学界对该主题的关注度很高。以“运动干预”和“留守儿童”为主题进行检索，共检索到相关文献 25 篇。文献总体呈现增长趋势。

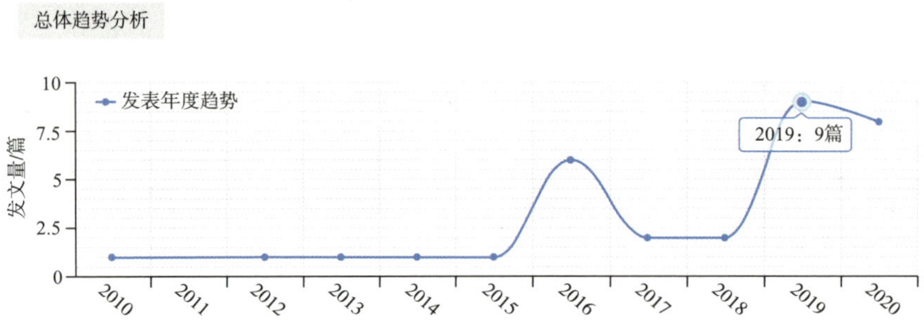

留守儿童运动干预研究文献发表年度趋势

已有留守儿童运动干预研究文献具有如下特点：从发表年份来看，相关研究在 2010—2015 年相对较少，仅有 5 篇，占总数的 20%，2016 年发表数量达到 6 篇，相关研究进入发展阶段，2019 年相关研究达到近年来的高点，共有 9 篇文献，占总数的 36%。

（二）研究内容分析

通过对以“运动干预”和“留守儿童”为主题的 25 篇文献整理分析发现，现有文献从分析留守儿童的现有心理状况入手，通过系列运动干预方案的设计及实施，测评运动干预方案对留守儿童系列状况的促进作用。

1. 关于留守儿童心理状况

关于留守儿童的心理状况，学界普遍认为留守儿童的心理健康或多或少会受到留守的影响。龚风华指出：留守年限短的留守儿童整体心理健康水平较高；不同监护类型的留守儿童，躯体化、敌对、偏执和精神病因子无显著性差异，且单亲监护型留守儿童的心理健康水平较高。[2] 王铎指出：留守儿童心理健康水平并没有随着留守年限的增加而呈现出规律性下降；不同监护类型总焦虑倾向因子得分由高到低排列为自我监护组、单亲监护组、隔代监护组、上辈亲友监护组和同辈监护组。[3] 陈爱国、陈丽萍等的研究结果发现留守儿童执行功能发育水平落后于非留守儿童。[4]

2. 关于系列运动干预方案的设计及实施

在运动干预的方案设计及实施上，研究者多采取足球训练的方式进行干预[4-9]。陈丽萍研究指出：干预内容主要为足球的学习、练习和比赛，辅以少量的体育游戏。运动干预为期 8 周，每周 2 课时，每次 40 分钟，共 16 次。[8] 梁洪英的研究采取“BAMS”身心运动。[10] 龚风华采用体育锻炼方式进行干预，赵丽萍等采用团体辅导方式进行干预。

3. 关于系列运动干预方案实施后的效果

已有研究发现，运动干预对留守儿童的心理健康具有积极作用。数篇文献指出，通过不同运动干预方案的实施，实验组在积极心理资本、心理韧性、执行功能等心理健康方面有显著提升。体育锻炼可显著提高留守儿童的心理健康水平，对不同性别留守儿童的不良心理均有积极改善作用。王铎研究结果表明：运动干预实验对学习焦虑因子、孤独倾向因子、自责倾向因子、冲动倾向因子、对人焦虑因子、过敏倾向因子有较好的缓解作用。陈爱国、陈丽萍等的研究结果发现：身心运动干预对刷新子功能和转换子功能有显著提升作用，而对抑制子功能未有显著作用。林艺群以留守小学生为研究对象的研究结果显示：8 周足球运动干预后，实验组学生的心理韧性平均分有显著提升，对照组学生的心理韧性平均分无明显提升。赵丽萍等指出，团体运动干预后，留守初中生的积极心理资本总体水平及多个维度（自我效能、韧性、希望）水平均有显著提高。[11] 胡克姗指出，运动干预能明显提高中学留守学生心理健康水平。[12] 赵春琪认为运动干预对留守儿童身心健康有积极影响[13]，樊剑亮、傅丹指出团体体育运动干预研究能规范农村留守儿童行为[14-15]，李娜等指出体育锻炼能提高农村留守儿童心理健康水平[16]。陈曙的研究表明，体育干预能有效提高留守儿童体质健康水平，改善留守儿童消极心理问题，增强其亲社会行为。[17] 赵洪朋的研究显示，体育游戏能够提升儿童的身体机能素质和心理健康水平，缓解儿童心理压力，促进儿童的全面发展。[18] 赵东芳的研究显示，集体性体育游戏能增强农村留守儿童学校归属感。[19]

（三）已有研究的不足

国内关于运动干预对留守儿童心理健康状况作用的研究已取得一定成果，但仍存在研究文献较少、干预方式单一、干预方案缺乏规范性、干预实施过程不规范等不足，需要进一步加强相关研究。

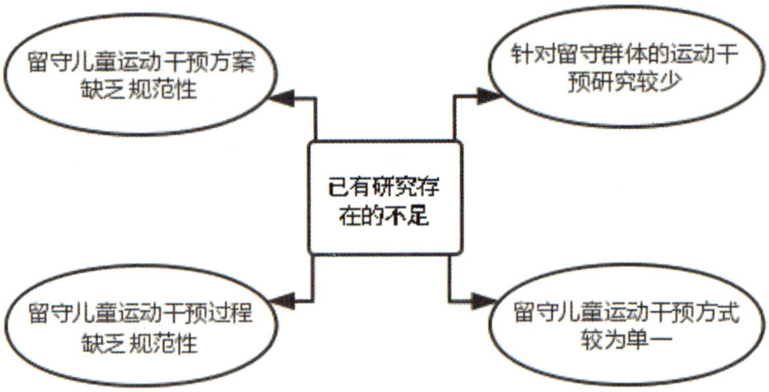

已有研究存在的不足

（1）针对留守群体的运动干预研究较少。以“运动干预”为主题进行检索，共检索到相关文献 15 362 篇，将运动干预用于留守儿童群体的文献有 25 篇，仅占 0.0016%。已有研究主要集中在运动干预对不同年龄阶层的应用效果，但实证研究较少。

（2）留守儿童运动干预方式较为单一。大多数研究采取了足球运动干预，部分采用了团体体育运动、体育游戏的形式，干预方式较为单一。

（3）留守儿童运动干预方案缺乏规范性。部分研究中采取的运动干预方式为体育运动，体育运动活动类型较多，在具体方案的设计上略显缺乏规划。部分足球运动的方案中缺乏详细或通过论证的实施方案。针对干预方案本身的研究较少。

（4）留守儿童运动干预过程缺乏规范性。干预类研究在实施干预方案时，需要在一定程度上考虑实施者的差异及资格、实施过程的程序化以及实施过程中对突发状况的应对能力。在部分研究中对干预的实施缺乏一定的规范性。

三、本项目概述

自 2015 年起，项目组依托各类课题及项目，开展了运动干预的相关研究与实践，从 4 个方面提升研究与服务的科学性、有效性和持续性。

一是组建了运动干预研究与服务团队。组建了跨行业、跨学科的研究与服务团队，成员由高校教师、教育行政部门工作人员、科研院所研究员、中小学教师组成，涵盖心理学、体育学、社会学、教育学等学科领域。团队立项并完成了四川省农村幼儿教育研究中心课题《运动干预对留守幼儿心理健康的作用研究》、大学生国家级创新创业项目《运动干预对留守青少年身心健康的影响研究》。

二是形成了系统化运动干预方案。在前测基础上，形成多套系统运动干预方案，对方案进行讨论修改。通过对多个研究的对比，不断优化相关方案及其实施流程。通过比较不同方案的实施效果，总结出更为高效、科学的干预方案。

三是规范了运动干预过程。逐步规范运动干预的实施过程，对带领者进行了活动干预前的培训、实施过程中的督导及实施后的反思与总结，并对大部分运动干预进行了后测。

四是开展了留守儿童运动干预实务及成果推广工作。自 2015 年至今，执行团队在宜宾市学校、乡村留守儿童关爱活动中多次对留守儿童开展了运动干预。留守儿童运动干预网络课程被中央广播电视大学乡村教师培训项目、共青团宜宾市委志愿者培训项目采用，地面课程被宜宾市教育和体育局教师培训项目采用。

高县中学卓越之旅

活动带领者：刘云，男，拓展培训师，成都源动力企业管理咨询有限公司 CEO，西南财经大学、西南交通大学项目培训教练。

第二节　留守儿童心理健康促进运动干预方案

相关研究及项目组前期研究均显示，留守儿童心理健康水平有较大提升空间。根据前期调研结果，项目组设计了系列运动干预方案，其主要包括两类：一是以小组为单位的运动干预方案；二是以集体为单位的运动干预方案。

本节呈现系列方案中的以提升留守儿童积极心理资本为目标的小组运动干预方案。

一、活动名称

“心”运动，“乐”前行

二、活动目标

（1）增强留守学生自我效能和自信心。

（2）提高留守学生心理素质，增强其耐挫力。

（3）提升留守学生坚韧品质，强化其毅力。

（4）增强留守学生的希望感，培养其乐观品质。

（5）使留守学生掌握积极的自我心理暗示技巧。

（6）强化留守学生团队合作、沟通表达能力。

三、活动性质

封闭性、发展性、系统性运动干预。

四、活动对象级人数

留守初中生 20 人。

五、活动带领者及督导者

活动带领者：

牛泽宇，男，应用心理学专业，系统学习过《团体心理辅导理论与实务》，接受过运动干预、绘画干预、焦点短程解决专项训练，国家级创新创业项目《运动干预对留守儿童心理健康的影响研究》主研，教育部《西南农村留守家庭心理支持体系研究》参研。

杜洪洲，男，应用心理学专业，系统学习过《团体心理辅导理论与实务》，接受过运动干预、绘画干预、焦点短程解决专项训练，国家级创新创业项目《运动干预对留守儿童心理健康的影响研究》主研。

督导者：

何奎莲，女，应用心理学教授，心理咨询师，社会工作师，四川省应用心理学专委会副主任，四川省教师心理发展与教师培训专业委员会常务理事，国家级创新创业项目《运动干预对留守儿童心理健康的影响研究》指导教师。

赵丽萍，女，体育学教授，田径国家级裁判，全国学校体育联盟理事，四川省高校体育专委会副主任，四川省运动舞蹈协会副秘书长。

串凯，男，体育学副教授，宜宾学院体育学院副院长，国家级创新创业项目《运动干预对留守儿童心理健康的影响研究》指导教师。

六、活动次数及时间

共 8 周，每周两节，共 90 分钟。

七、活动场地

操场等宽阔的室外。

八、活动理论基础

积极心理资本：积极心理资本主要包括自我效能、韧性、希望和乐观四个维度。积极的自我效能感：有信心呈现和投入必要的努力来完成挑战性的工作；希望：追求成功，按照预定的目标坚韧不拔，不断前进；乐观：把积极的事件归因于内部、周围、普遍深入的原因；韧性：当面临困难和危机时，保持韧劲，迅速恢复，甚至摆脱困难，走向成功。

需要层次理论：马斯洛需要层次理论揭示，每个人都有爱、归属和自我实现的需要，都渴望被别人接受、尊重或欣赏，在现实生活中如果想得到他人的接受、尊重和赞赏，必须从自身开始，从给予别人尊重、赞赏开始。

自我效能理论：自我效能感是个人对自己完成某方面工作能力的主观评估。评估的结果如何，将直接影响一个人的行为动机。

群体动力理论：社会心理学关于群体的研究表明，在一个团体中，只有成员之间相互信任，团体的凝聚力才强，才能更有效地发挥团体的效能。

九、活动总计划

活动总计划如表 3.1 所示。

表3.1 活动总计划表

单元数	活动目标	活动内容	时间/分钟	材料
第一单元	1. 使领导者与成员、成员与成员之间相互认识，营造团结、尊重、信任的氛围，调动积极性 2. 建立契约，建立团体，规范团体 3. 增强成员的自我效能感	活动一：自我介绍 活动二：萝卜蹲 活动三：携手同行 附加活动： 承诺书签字、签到表签字、前测问卷填写	90 分钟	纸板若干

续 表

单元数	活动目标	活动内容	时间/分钟	材料
第二单元	1. 协助成员发现自己的优势 2. 明白坚持的重要性 3. 体验共同努力的乐趣	活动一：跳小绳比赛 活动二：跳大绳比赛	90 分钟	短跳绳若干、长跳绳两根
第三单元	1. 培养团队合作的精神 2. 促进成员积极主动地表达与交流，增强对自我的认识 3. 提升团队成员的坚韧性	活动一：转风车 活动二：投篮接力	90 分钟	篮球 20 个
第四单元	1. 进一步提升成员的坚韧性 2. 培养成员的团队精神 3. 进一步增强成员的自信心 4. 提升团队的希望品质	活动一：无敌风火轮 活动二：链接加速	90 分钟	报纸若干、胶带两卷
第五单元	1. 进一步促进成员之间的相互信任与尊重 2. 使成员认识到自信的力量 3. 进一步提升团队协作性	活动一：齐眉棍 活动二：坐地起身 活动三：手指托举	90 分钟	两根长棍
第六单元	1. 进一步增强成员坚持到底的勇气和毅力 2. 增强团队合作能力 3. 培养个人活动反应能力	活动一：跑步接力 活动二：齿轮转	90 分钟	接力跑交接棒
第七单元	1. 培养学生善于发现生活中的美好的能力和乐观的品质 2. 促使学生在困难面前不轻言放弃，提升他们的韧性 3. 关注自己周围的人的感受，强化沟通与表达能力	活动一：背水一战 活动二：十人九足	90 分钟	气球一包
第八单元	1. 增强团体成员的感情 2. 进一步培养成员乐观精神 3. 巩固收获并将其迁移到生活中	活动一：拔河比赛 活动二：活动重现 附加活动： 填写游戏评估反馈表 发放并收集后测问卷	90 分钟	反馈表 20 份 后测问卷 20 份

十、团体活动分单元计划

八次运动干预计划分别如表 3.2 —表 3.9 所示。

表3.2　第一次运功干预计划表

单元序号	一	单元名称	相识	活动时间	90 分钟
单元目标	1. 使领导者与成员、成员与成员之间相互认识，营造团结、尊重、信任的氛围，调动成员积极性 2. 建立契约，建立团体，规范团体 3. 增强成员的自我效能感				
活动名称	**活动内容**			**时间 / 分钟**	**材料**
开场融冰	带领者自我介绍及活动总体介绍，学生用运动肢体语言自我介绍，相互按摩身体，签订承诺书			10 分钟	无
萝卜蹲	首先要求每一位成员给自己选取一种颜色的萝卜作为自己的称呼；活动带领者指定一人开始说：** 蹲，** 蹲，** 蹲完 ** 蹲（** 是替代称呼，例如，白萝卜蹲，白萝卜蹲，白萝卜蹲完红萝卜蹲）；被叫到称呼代号的成员蹲下重复指令，依次循环			20 分钟	无
携手同行	每队若干人，先共同站在一张报纸上，然后将另一张报纸放于前方，通过不断挪动，团队一起向前方走出一段距离，最快完成的一队获胜			30 分钟	报纸若干
总结反思	分享收获、启示			10 分钟	无
附加事项： 1. 承诺书签字；2. 签到表签字；3. 发放前测问卷填写并收回				20 分钟	相关文件及笔

表3.3　第二次运功干预计划表

单元序号	二	单元名称	自信跳起来	活动时间	90 分钟
单元目标	1. 协助成员发现自己的优势，正确认识自己 2. 明白坚持的重要性 3. 体验共同努力的乐趣				
活动名称	**活动内容**			**时间 / 分钟**	**材料**
热身活动	分享快乐的事，以“名字 + 特长 + 兴趣爱好”的方式介绍一下自己			10 分钟	无
跳小绳比赛	两分钟的时间内，单人跳绳次数。跳绳过程中可以停顿，以两分钟结束时的总次数为个人最后成绩，跳最多者为胜			30 分钟	短跳绳若干
跳大绳比赛	比赛成员共分为两组，每组选出两个成员摇绳，两分钟时间内，如果停顿，自动退场。最后退完场的小组为胜			40 分钟	长跳绳两根
总结反思	分享收获、启示			10 分钟	无

表3.4 第三次运功干预计划表

单元序号	三	单元名称	快乐动起来	活动时间	90 分钟
单元目标	1. 培养团队合作的精神 2. 促进成员积极主动地表达与交流，增强对自我的认识 3. 提升团队成员的韧性 4. 培养遵守游戏规则的良好习惯				
活动名称	**活动内容**			**时间（分钟）**	**材料**
转风车	每队 10 人，10 球。游戏开始，先 2 人上场，甲站圆心左手叉腰，右臂侧平举，乙左臂侧平举与甲同时用手掌顶住一球，右臂运球按逆时针方向运转一周；成功被认可了，即可再上 1 人，甲、乙、丙 3 人合作，甲侧平举，与乙、丙的左臂顶住两个球，乙和丙用右手分别运球一周。成功被认可后，再上 2 人，5 人合作，组成风车运球，之后是 7 人，直至 10 人组成一个大风车运球一周			40 分钟	篮球 20 个
投篮接力	每队 10 人，在篮球场罚球区前排成一路纵队。游戏开始，排头运球向前几步，跳起投球，之后立即退下返回，排至队尾			40 分钟	篮球 20 个
总结反思	分享收获、启示			10 分钟	无

表3.5 第四次运功干预计划表

单元序号	四	单元名称	我们最强	活动时间	90 分钟
单元目标	1. 进一步提升团队成员的坚韧性，培养其坚持不懈的精神 2. 培养成员相互信任、团结一致、克服困难的团队精神 3. 进一步增强成员的自信心 4. 提升团队的内心希望向上的品质				
活动名称	**活动目标**	**活动内容**		**时间 / 分钟**	**材料**
无敌风火轮	10 人一组，利用报纸和胶带制作一个可以容纳全体团队成员的封闭式大圆环。将圆环立起来，全队成员站到圆环上边走边滚动大圆环			40 分钟	报纸若干、胶带两卷
链接加速	10 人一组，后边的人左手抬起前边的人的左腿，右手搭在前边的人的右肩，形成小火车，最后一名学生也要单脚跳步前进，不能双脚着地。场地上画好起跑线和终点线，其距离为 30 米（以一篮球场宽为准，来回）。游戏开始时，各队从起跑线出发，跳步前进，绕过障碍物回到起点，最先到达起点的为胜。按时间记名次，按名次记分			40 分钟	无
总结反思	分享收获、启示			10 分钟	无

无敌风火轮

表3.6　第五次运动干预计划表

单元序号	五	单元名称	团队合作	活动时间	90 分钟
单元目标	1. 进一步促进成员之间的相互信任与尊重 2. 使学生认识到自信以及自信带来的力量 3. 进一步提升团队协作性				
活动名称	**活动内容**			**时间 / 分钟**	**材料**
齐眉棍	分为两队，相向站立，共同用手指将一根棍子放到地上，手离开棍子即失败			25 分钟	棍子
坐地起身	4 人一组围成圈，背对背坐在地上；不用手撑地站起来；随后依次增加人数，每次增加 2 人，直至 10 人			25 分钟	无
手指托举	10 人一组，9 人围成圈，伸出手托举 1 名伙伴			30 分钟	无
总结反思	分享收获、启示			10 分钟	无

齐眉棍

表3.7　第六次运功干预计划表

单元序号	六	单元名称	相互合作	活动时间	90 分钟
单元目标	1. 增强成员遇到困难不放弃、不气馁的勇气和毅力 2. 引导成员学会如何利用团队的优势去弥补劣势 3. 增强团队凝聚力 4. 引导成员学会良性竞争与合作				
活动名称	**活动内容**			**时间 / 分钟**	**材料**
跑步接力	分为两队，两队人各自在一个跑道，来回跑进行接力，只有将交接棒拿在手中，才能开始起跑			35 分钟	接力跑交接棒
齿轮转	小队围成圈，面朝顺时针方向转，前面一人的臀部坐在后一人的膝部上面，后面一人的双手扶在前面一人的肩膀上，等到大家都坐稳了，一起有节奏地喊："一二、一二！"一步一步向顺时针方向走动，赛一赛，哪队不散架，走的圈数多。接着，两个小队合作做，再三个小队合作做，直至全体学生一起上场做这个游戏			35 分钟	无
总结反思	总结自己在这次活动中存在的问题和不足			20 分钟	无

齿轮转

表3.8　第七次运功干预计划表

单元序号	七	单元名称	团队培养	活动时间	90 分钟
单元目标	1. 培养学生善于发现生活中的美好的能力和乐观的品质 2. 促使学生在困难面前不轻言放弃，提升他们的韧性 3. 关注自己周围的人的感受，强化沟通与表达能力				
活动名称	**活动内容**			**时间 / 分钟**	**材料**
协同作战	两人一组，把篮球背靠背夹住，从跑道一边移动到另一边，期间球不能触地			35 分钟	篮球
十人九足	十人一组，排成横排，相邻的人把腿系在一起，一起跑向终点，用时最短的胜出			35 分钟	无
总结反思	分享收获、启示			20 分钟	无

十人九足

表3.9　第八次运功干预计划表

单元序号	八	活动目标	团队收获	活动时间	90 分钟
单元目标	1. 增强团体成员的感情 2. 进一步培养成员乐观精神 3. 巩固收获并将其迁移到生活中				
活动名称	**活动内容**			**时间 / 分钟**	**材料**
拔河比赛	组内成员先分成两组进行组内拔河，然后再和另外一组进行友谊比赛			20 分钟	绳子两根
活动重现	每人回忆自己最难忘的一次活动经历 重复那个回忆最多的活动			50 分钟	无
活动评估	填写反馈表、后测问卷			20 分钟	笔

2019 年四川省教育扶贫现场会：留守儿童运动干预（讨论）

活动带领者：张薇，女，宜宾市翠屏区棠湖学校专职心理健康教育教师，宜宾市翠屏区心理健康教育教研中心组成员，三级心理咨询师，第五届四川省心理健康教育活动课展评活动（中学组）一等奖获得者，第六届四川省心理健康教育活动课展评活动（小学组）二等奖指导教师，2018 年宜宾市安全教育课展评活动一等奖获得者，2019 年四川省扶贫成果现场会教育扶贫“双益工程”授课教师。

寄语留守：人生的长河，飞溅着彩色的浪花，那里有你远航的小舟。

第三节　运动干预对留守儿童心理健康的促进作用

已有研究表明，运动干预对留守儿童心理健康水平的提升有重要意义。运动干预的方式较多，本研究采用学生喜闻乐见的体育游戏对留守儿童进行干预。留守儿童的心理健康是个较为宽泛的概念，相关研究显示，心理资本是身处困境的留守儿童重要的保护性因子，提升心理资本水平能有效促进留守儿童心理健康。因而，本研究把留守儿童的积极心理资本作为主要研究内容，对以体育游戏为主的运动干预效果进行检测，以期为留守儿童心理健康促进工作提供理论及实践依据。

积极心理资本是个体在发展历程中的一种积极的心理状态，是促进个人成长和绩效提升的重要心理资源，包括自我效能感、乐观、希望和韧性四种核心成分。[20]体育类游戏是指有情节或规则、以活动的结果作为判断胜负依据的一种趣味体育活动，由身体活动、情节、规则、方法、结果和场地与器具等基本要素构成，身体活动是其核心。体育游戏比较有趣，学生参与度高，能让学生在轻松愉悦的活动中增强体质，学习各项技能，提升学生身体素质，同时缓解学生心理压力，提升学生心理健康水平，从而促进学生积极发展。

一、研究对象和方法

（一）研究对象

研究组在2018年11月—2019年1月对宜宾市某中学100名留守中学生进行问卷调研后，随机挑选20名留守学生作为实验组和对照组。研究对象中12岁、13岁、14岁、15岁分别占比10%、40%、45%、5%；家庭情况方面，父母双方均外出打工、父母单人外出打工各占总人数的一半；其中男生10人，女生10人，男女比例均衡。

（二）测量工具

本研究的评定工具是《积极心理资本》问卷，该量表由张阔编制，有四个维度——自我效能、韧性、希望与乐观，由26个项目组成，不同维度对应的题目不同。计分方式采用Liken式七点量表。本研究问卷的内部一致性 α 系数：全量表为0.79，自我效能为0.83，韧性为0.71，希望为0.81，乐观为0.79，均在0.70以上。该问卷经建构效度分析后，全量表及各分量表的信度、效度良好。[21]

（三）实验过程

活动开始前，对100名留守学生进行问卷调查，并从中随机抽取40名学生，分成实验组与对照组两组，各20人。利用独立样本 t 检验，对实验组和对照组进行数据分析，从结果可得 $p>0.05$，即对照组与实验组留守学生的积极心理资本没有明显差异，因此可以说明对照组与实验组的分类合理。另外，对实验组20名学生的基本家庭情况进一步了解。实验过程是以体育游戏训练的方式进行干预。实验组与对照组的实验时间是2018年11—12月，共

8周，每周两节课，共16课时，每节课45分钟。实验组每次活动开始前，成员进行签到，每节课结束，每一个成员以两句话分享自己的感悟和启发；实验组每周游戏活动开始前有一个课前分享，分享过去一周自己觉得最开心的一件事情。对照组的学生不参加活动。实验结束后，分别对实验组与对照组学生的积极心理资本再次进行测量，比较游戏前后是否存在差异。

对其他影响因素的控制：在研究开展期间，与参加活动的成员约定不要参加其他的体育游戏或者其他的干预；和校方做好沟通，确保被试每一次体育游戏准时参加，任何一次缺勤都视为自动放弃；带领者尽量避免对活动参与者进行诱导，在活动过程中正常、如实地对游戏进行记录、观察，尽量减少对活动参与者的干扰；活动的场地保持不变，集中在操场中的篮球场和音乐活动教室；现场测量，使用相同的指导语，调查者在测量开始时解释本次研究的原因，以便消除被调查者的担心，使其能够做出最诚实的回答，利用现场回收的形式收集问卷；同时，在活动过程中，由第三方收集实验组学生参加活动的感想与收获。

（四）数据处理

课题组采用SPSS 21.0统计软件对采集到的数据进行分析处理，主要采用样本 t 检验、相关分析等方法。结果以 $X \pm S$ 表示，以 $p<0.05$ 表示差异具有显著性，以 $P<0.01$ 表示差异具有非常显著性。

二、结果与分析

（一）实验组与对照组实验前积极心理资本差异

对照组前后测积极心理资本各维度差异如表3.10所示。

表3.10　实验组与对照组实验前积极心理资本各维度差异

		均值	标准差	均值标准误	t	*Sig*（双测）
总分	实验组	108.15	20.34	4.66	0.81	0.42
	对照组	113.37	17.07	4.26		
自我效能	实验组	27.42	8.92	2.04	0.71	0.44
	对照组	29.56	6.93	1.73		
韧性	实验组	28.68	7.90	1.81	0.02	0.98
	对照组	28.62	7.08	1.77		
希望	实验组	26.21	5.64	1.29	0.66	0.51
	对照组	27.37	4.61	1.15		
乐观	实验组	25.84	6.84	1.56	0.89	0.38
	对照组	27.81	6.12	1.53		

注：$p \leqslant 0.05$ 表示差异性显著。

表3.10显示：实验前实验组的自我效能维度均值=27.42，对照组的自我效能维度均值=29.56，且 $p>0.05$；实验前实验组的韧性维度均值=28.68，对照组的韧性维度

均值 =28.62，且 $p>0.05$；实验前实验组的希望维度均值 =26.21，对照组的希望维度均值 =27.37，且 $p>0.05$；实验前实验组的乐观维度均值 =25.84，对照组的乐观维度均值 =27.81，且 $p>0.05$；在总分方面，$p>0.05$。综上所述，对照组和实验组实验前心理资本总分及各维度均无显著差异，说明两组的参与者选择基本合理。

（二）对照组积极心理资本成对样本前测、后测各维度分析

表3.11　对照组前后测积极心理资本各维度差异

	均值	标准差	均值的标准误	t	Sig（双测）
自我效能后测 自我效能前测	29.06 29.56	6.41 6.93	1.60 1.73	−0.68	0.50
韧性后测 韧性前测	28.43 28.62	6.71 7.08	1.67 1.77	−0.49	0.62
希望后测 希望前测	27.81 27.37	5.50 4.61	1.37 1.15	0.82	0.42
乐观后测 乐观前测	28.25 27.81	5.53 6.12	1.38 1.53	0.75	0.46
后测总分 前测总分	113.73 108.81	16.37 17.07	4.09 4.26	−3.45	0.00

注：$p \leq 0.05$ 表示差异性显著。

表 3.11 显示：对照组的自我效能前测均值 =29.56，自我效能后测均值 =29.06，且 $p>0.05$；对照组的韧性前测均值 =28.62，韧性后测均值 =28.43，且 $p>0.05$；对照组的希望前测均值 =27.37，希望后测均值 =27.81，且 $p>0.05$；对照组的乐观前测均值 =27.81，乐观后测均值 =28.25，且 $p>0.05$；各维度差异不显著。

（三）实验组积极心理资本成对样本前测、后测各维度分析

实验组积极心理资本前后测各维度差异如表 3.12 所示。

表3.12　实验组积极心理资本前后测各维度差异

	均值	标准差	均值的标准误	t	Sig（双测）
自我效能后测 自我效能前测	35.52 27.42	8.65 8.92	1.98 2.04	3.70	0.00
韧性后测 韧性前测	30.10 28.68	7.09 7.90	1.83 1.81	0.86	0.40
希望后测 希望前测	32.36 26.21	5.00 5.64	1.14 1.29	5.01	0.00
乐观后测 乐观前测	31.94 25.84	6.76 6.84	1.55 1.56	2.74	0.01
后测总分 前测总分	129.94 108.15	19.55 20.34	4.48 4.66	4.19	0.00

注：$p \leq 0.05$ 表示差异性显著。

表 3.12 显示：实验组被试的自我效能前测均值 =27.42，自我效能后测均值 =35.52，且 $p<0.05$，说明实验组实验前后测的自我效能存在显著差异；实验组的被试韧性前测均值 =28.68，韧性后测均值 =30.10，且 $p>0.05$，说明实验前后测的韧性差异不明显；实验组的被试希望前测均值 =26.21，希望后测均值 =32.36，且 $p<0.05$，说明实验组实验前后测的希望存在显著差异；实验组的被试乐观前测均值 =25.84，乐观后测均值 =31.94，且 $p<0.05$，说明实验组实验前后测的乐观具有显著差异；实验组的被试总分前测均值 =108.15，总分后测均值 =129.94，且 $p<0.05$，总体上存在较大差异，实验组实验后积极心理资本水平提升显著。

（四）实验组与对照组积极心理资本实验后各维度分析

实验组与对照组后测积极心理资本各维度比较如表 3.13 所示。

表3.13　实验组与对照组后测积极心理资本各维度比较

	均值	标准差	均值的标准误	*t*	*Sig*（双测）
实验组自我效能 对照组自我效能	35.52 29.06	8.65 6.41	1.98 1.60	0.34	0.01
实验组韧性 对照组韧性	30.10 28.43	7.99 6.71	1.83 1.67	0.86	0.51
实验组希望 对照组希望	32.36 27.81	5.00 5.50	1.14 1.37	0.83	0.01
实验组乐观 对照组乐观	31.94 28.25	6.76 5.53	1.55 1.38	0.73	0.09
实验组总分 对照组总分	129.94 113.56	19.55 16.88	4.48 4.22	0.74	0.01

注：$p \leqslant 0.05$ 表示差异性显著。

表 3.13 显示：实验结束后，对实验组与对照组的留守学生积极心理资本后测进行独立样本 t 检验，发现均值及多个方面都存在明显差异，但韧性和乐观这两方面 $p>0.05$，说明这两方面差异不明显；在自我效能和希望这两方面 $p<0.05$，说明这两方面存在显著差异；在实验组与对照组总分中，$p<0.05$，说明实验组与对照组存在显著差异。

三、结论

（一）以体育游戏为主的运动干预能提升留守学生积极心理资本水平

实验前后对照组积极心理资本中的自我效能、韧性、希望和乐观四个维度均值并无明显变化，p 值大于 0.05，说明对照组实验前后差异不明显。实验组实验前后自我效能、韧性、希望和乐观四个维度均具有明显变化，特别是自我效能、希望、乐观三个维度的 p 值均小于 0.05，说明实验前后变化明显，差异显著。本研究证明，体育游戏对留守学生积极心理资本水平的提升有良好的作用，对留守学生心理健康产生了积极影响。

除问卷调查结果显示干预有效外，学生活动过程中及活动结束后的总结也显示了学生收获很大，对运动干预中的团结、信任感受很深，提升了自我悦纳、耐挫力水平，变得更坚强、更乐观。

通过参与8次运动游戏，我变得坚强，从最开始的惊讶到中间觉得不上课真好玩，再到最后我体验到了活动的目的，团结、坚强、信任出现在我的心中。而且老师十分友好，即使我们开玩笑讽刺，他也微笑面对，让我学会了如何正确面对生活中的困难。我相信这是我人生中一次难忘的经历，我们一起做游戏，一起打篮球，这真的是一次足以让人难忘的体验。

——孙宗龙（七年级3班）

（二）体育游戏对留守学生不同积极心理资本的影响具有差异性

实验组的留守学生在韧性维度实验后均值提升不大，且 p 值大于0.05，前后差异不明显。这表明，体育游戏在提升留守学生韧性这一方面还存在不足，需要进一步改善。实验组与对照组留守儿童积极心理资本总体上差异显著，自我效能和希望两个维度差异显著，说明实验后留守学生这两个维度提高明显，韧性与乐观两个维度差异不大，这两个维度的提升不明显。

四、不足与反思

本次运动干预的8次活动中，部分活动间连贯性、逻辑性欠佳，部分活动与目标的匹配不够精准，需要进一步强化活动设计的科学性、规范性和严谨性。

活动受多种因素限制，缺乏严密的过程观察记录，尤其是对初中生在体育游戏活动中心理变化的精准记录及分析，还需要进一步加深相关研究。

此外，本研究中存在其他干扰因素。在本研究中和参加活动的成员约定不参加其他的体育游戏或者其他干预，和校方也做一定相关的沟通，但是可能避免不了参与者受到其他因素的干扰。今后的研究需要进一步减少其他因素的干扰。

最后，本次研究的对象是初中阶段的留守儿童，虽然课题组也对幼儿园、小学阶段的留守儿童采用了运动干预的方式，但重在通过运动促进留守儿童的发展，没有开展严格的效果研究。因而，本研究缺乏对不同学段留守儿童运功干预的相同点及不同点的探讨。

在今后的研究与实践中尚需不断优化方案设计，规范方案实施，深入分析研究效果，不断改进运动干预的方案，并拓展研究对象。

高县中学卓越之旅：初一学生运动干预

活动带领者：仇丹，心理咨询师，沙盘游戏指导师，意象对话师，家庭教育指导师，心理催眠师，宜宾市叙州区教学研究与教师培训中心德育研训室副主任、心理教研员，叙州区二中专职心理教师，宜宾市青少年心理协会理事，四川省“名师联盟”成员，宜宾市名师后备人选。

寄语留守：岁月漫长，不惧风浪，愿你成为用力奔跑的人，一路迎接阳光！

本章参考文献

[1] Xue Yue， Yang Yanxiang， Huang Tao.Effects of chronic exercise interventions on executive function among children and adolescents: A systematic review with meta-analysis[J].British journal of sports medicine，2019，53(22).

[2] 龚风华 . 南通市农村留守儿童心理健康水平特征和体育锻炼干预作用研究 [D]. 苏州：苏州大学，2010.

[3] 王铎 . 运动干预对菏泽市初中留守儿童心理健康水平的实验研究 [D]. 济宁：曲阜师范大学，2015.

[4] 陈爱国，陈丽萍，颜军 .8 周足球运动改善留守儿童执行功能的实验研究 [J]. 山东体育学院学报，2017，3301:85–89.

[5] 张高华，朱德林 . 足球运动对农村留守儿童孤独感的干预效果 [J]. 中国学校卫生，2019，40(9):1410–1412.

[6] 林艺群 . 足球课对农村高年级留守儿童心理韧性的影响研究 [D]. 福州：福建师范大学，2019.

[7] 刘春飞 . 足球运动游戏对农村留守儿童一般社会适应能力的影响研究 [D]. 新乡：河南师范大学，2019.

[8] 陈丽萍 . 足球运动方案影响农村留守儿童执行功能的实践研究 [D]. 扬州：扬州大学，2016.

[9] 张传珍 . 校园足球对改善农村留守儿童自我意识的功效研究 [D]. 济南：山东体育学院，2018

[10] 梁洪英 .“BAMS”身心运动改善留守儿童执行功能的实践研究 [D]. 扬州：扬州大学，2016.

[11] 赵丽萍，何奎莲，齐飞 . 运动干预对农村留守儿童心理资本的作用研究 [J]. 内江科技，2019(4):108， 106.

[12] 胡克姗 . 留守学生心理健康调查与运动干预实验研究 [D]. 贵阳：贵州师范大学，2016.

[13] 赵春琪 . 运动干预对留守儿童身心健康影响的实验研究 [J]. 教学与管理，2013(15): 67–69.

[14] 樊剑亮 . 农村留守儿童行为规范问题及团体体育运动干预研究 [J]. 灌篮，2019(12):245.

[15] 傅丹 . 农村留守儿童行为规范问题及团体体育运动干预研究 [D]. 岳阳：湖南理工学院，2018.

[16] 李娜，高升 . 体育锻炼对农村留守儿童心理健康水平的干预——以池州市为例 [J]. 安徽体育科技，2016，37(5):49–51， 68.

[17] 陈曙，王京琼 . 体育参与对农村留守儿童身心健康的干预研究 [J]. 武汉体育学院学报，2016，50(9):93–100.

[18] 赵洪朋，冯琰 . 体育游戏促进儿童身心健康的研究 [D]. 沈阳：沈阳体育学院，2018.

[19] 赵东芳 . 集体性体育游戏对农村留守儿童学校归属感影响的实验研究 [D]. 开封: 河南大学，2018.

[20] 张阔，张赛，董颖红 . 积极心理资本 : 测量及其与心理健康的关系 [J]. 心理与行为研究，2010，8(1):58–64.

第四章　叙事干预在留守儿童中的运用

倾诉与表达，就是疗愈的开始。

倾听与触动，就是发展的契机。

叙说是人类的天性。

人人都愿说其故事，并用其故事来展现人生。

每个人都是自己故事的作者，能创造、重构自己的生命故事。

“在留守中成长”集体叙事

主持人（男）：侯永康，时任校学生会主席，书法协会会员，曾留守者，硕士研究生，教育部《西南农村留守家庭心理支持体系研究》参研者，公益项目“西南农村留守家庭心理支持行动”第二批骨干志愿者。

寄语留守：逆风飞扬，青春总有光芒！

本章导读：

本章内容共分三节。

第一节是知识链接——叙事干预概述，内容分为三部分：一是叙事干预的概念、产生与发展、类型、基本理念、主要技术、基本程序、注意事项；二是相关研究的趋势、主要内容及不足；三是本项目简述。

第二节是实务链接 1——团体叙事干预及其效果，以典型案例的方式，介绍了团体叙事干预方案、实施及成果，为读者开展团体叙事干预提供借鉴和参考。

第三节是实务链接 2——留守儿童个体叙事干预及其效果，以典型案例的方式，介绍了个体叙事干预案例及效果，为读者开展个体叙事干预提供借鉴和参考。

"双益工程"——听哥哥姐姐讲那过去的事

讲述者：张淑婧，曾留守者，云南师范大学心理专业硕士研究生，国家级创新创业项目"益心苑——志愿者成长中心"负责人，教育部《西南农村留守家庭心理支持体系研究》参研者，中央广播电视阿雪奥鹏中心教育部"国培计划——乡村教师培训项目"《留守儿童团体心理辅导》主讲专家。

寄语留守：踮起脚尖，阳光就会拥抱你！

※ 知识链接

第一节　叙事干预概述

所谓叙事，就是讲故事。儿童在故事中成长，喜欢听故事和讲故事。“讲好中国故事”是我们时代的主旋律，讲好留守儿童的故事，是留守儿童心理健康维护与促进的有效手段。与一般的讲故事不同，叙事干预是一种比较专业且易于实施的心理干预方法。

一、什么是叙事干预

（一）叙事干预的概念

叙事干预指干预者通过外化问题、重构故事等方法，帮助当事人找出故事里遗漏的片段，唤起当事人改变的内在力量，从而缓解压力、疗愈创伤、促进发展的过程。[1] 叙事干预通过改变叙事方式的手段，以叙事者为中心，通过着力增加叙事者的心理弹性、倡导价值多元性、提高叙事者的积极性来达到干预目的。叙事干预也可以称为叙事心理治疗，其产生、理念、方法都一样。本文之所以称叙事干预而非叙事心理治疗，是强调叙事方法不仅可以治疗心理疾病，更可以用于预防心理问题，促进心理发展。

（二）叙事心理治疗的产生与发展

叙事治疗法是一种后现代主义心理咨询与治疗模式，兴起于20世纪80年代末，最早出现在澳大利亚和新西兰，创始人和代表人物是澳大利亚临床心理学家麦克·怀特（Michael White）及新西兰的大卫·爱普斯顿（David Epston）。[2] 他们在20世纪80年代家庭治疗的基础上提出了此理论，20世纪90年代他们先后出版《故事、知识、权力——叙事治疗的力量》《经验、矛盾、叙事和想象》《重写生命》《治疗者的生活叙述》系列书籍，从叙事心理治疗的理论基础、基本理念、方法逐步建立理论框架。这些书籍发行后，叙事心理治疗开始在澳大利亚、北美、英国、南非等国家和地区流行。

叙事治疗开始只是作为一种辅助的治疗手段，后来运用到同性恋、双性恋者、残疾人等心理治疗中，再后来进入更广泛的公共卫生系统、社会工作领域、教育领域，运用到解决种族问题、儿童虐待、家庭暴力、精神分裂症的治疗和干预中。[3]

（三）叙事干预的类型

从参与人数来看，叙事干预可以分为集体叙事干预（也可称为团体叙事干预）和个别叙事干预。集体叙事干预指针对一类群体做的干预。个别叙事干预指针对一个人做的干预。

从干预目的来看，叙事干预可以分为治疗性叙事干预、预防性叙事干预和发展性叙事干预。治疗性叙事干预是指以治疗心理创伤或心理障碍为主要目的的叙事干预，预防性叙事干预指以预防各类心理问题产生为主要目的的叙事干预，发展性叙事干预指以促进个体或群体积极发展为主要目的的叙事干预。在实际的干预中，三类干预目的会有交叉融合。

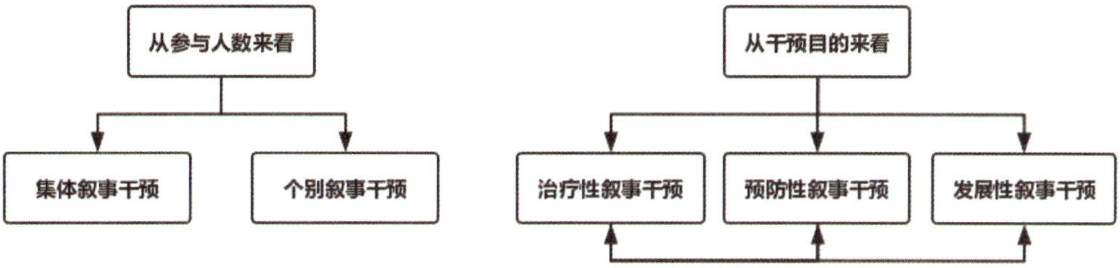

叙事干预类型

（四）叙事干预的基本理念

叙事干预批判现代心理治疗方法论，吸收了一部分人本主义方法论的特点，对故事、问题有其独有的理念，主要体现在以下六个方面。

一是“人类行为具有故事性”。人类行为本身就具有故事性，每个人都用故事来为生活体验赋予意义，而非逻辑论和法律规定的格式。讲故事是人类的天性，人类可以通过建构故事和倾听他人的故事来处理经验兴趣。

二是“故事的创作者是自己”。每个人都是自己故事的作者，用自己的言行创作自己的生命故事。同时，人人都可说其故事，用其故事来展现其人生[4]。

三是“故事可以重构与替代”。每个人都带着主观性叙说自己的故事，这些故事中包含支配性故事和边缘性故事。支配性故事是个体解释现实世界的主要途径，问题常常渗透在支配性故事中，限制当事人解释自己生活体验的方式。边缘性故事包含叙事者忽略的、遗漏的片段，蕴含改变的潜能。换个视角检视生活，唤起当事人生命拥有的、潜在的、积极的资源，新的替代性故事代替了原来的支配性故事，从而重构故事[5]。

四是“人≠问题”。人生总会遇到很多问题，人不等于问题，问题与人是分离的，问题是问题，人是人。人本身和人与人之间的关系都不是问题，问题才是问题，人和问题的关系也是问题。问题往往与主流文化相关，而不是与个体内在人格特质相关，文化主流通常带有一定的强制性和压迫性，会在一定程度上忽略个体生活的丰富性、差异性，导致个体对自己的消极、否定的结论，夸大问题影响，降低自我效能[6]。

五是“问题有多元化视角”。事实上，任何生活事件都是多元的。放下“主流文化”的量尺，将生活事件的多元意义展示出来，采用多元的视角去评价和对比“问题”，问题将不再是问题，可能是发展的契机，从而改变当事人的消极结论[7]。

六是“当事人是自己问题的专家”。人的成长要面临很多问题，但人类并没有因问题停滞发展或放弃生命，一定是蕴藏在自己生活中的资源在支持着我们。我们可以将这些积极资源调用起来，创造机会体验成功，寻找隐藏在消极自我认同中的积极自我认同，重拾主宰自己生活的能力与信心，寻找生命的力量，从而解决问题或重新看待问题。[8]

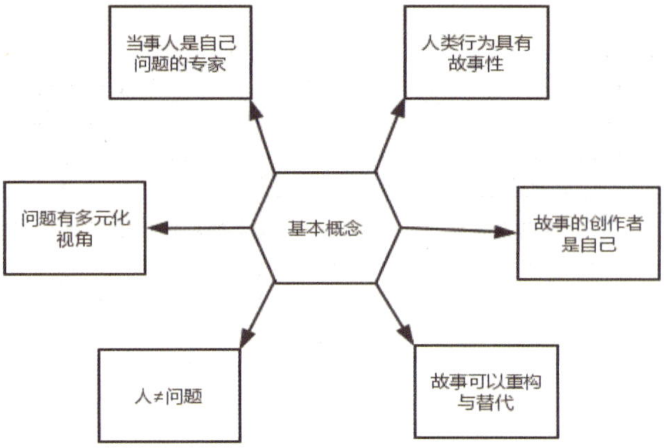

叙事干预的基本概念

（五）叙事干预的主要技术

叙事干预的主要技术是问话和提供支持，核心技术是五种问话。

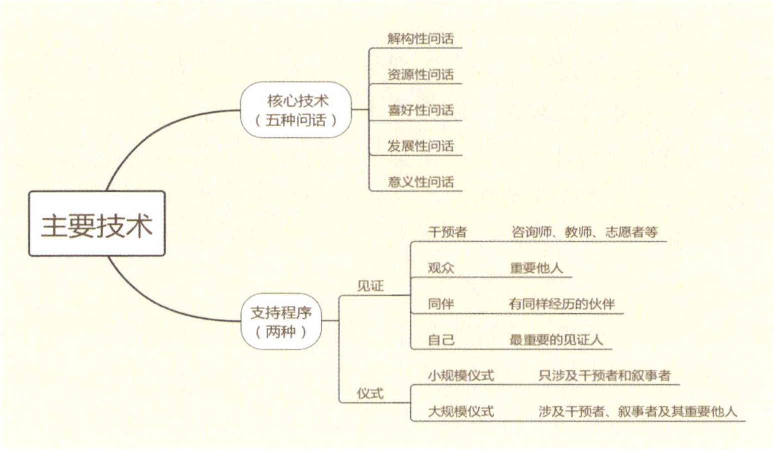

叙事干预的主要技术

五种问话。叙事干预主要通过提问实施，干预者会思考问话，组合问话，以和过去不同的方式来运用问话。问话主要包括解构性问话、资源性问话、喜好性问话、发展性问话及意义性问话五种类型。

解构性问话指了解与问题相关的做法、态度、感受、信念的问话。其目的在于了解叙事的来历、背景和影响，扩大问题的全景，揭示有问题的信念、做法、感受和态度，打开故事的包装，厘清故事建构的脉络。解构性问话有五种：事件、人际及其背后的态度、感受、信念；做法、态度、感受、信念的来历及背景；做法、态度、感受、信念造成的影响或结果；与其他做法、感受、信念间的关系；做法、感受、信念的策略或计划。

资源性问话指了解与问题相关的资源的问话。其目的在于继续扩大问题的全景，扩展叙事者的视野，了解问题的控制力、影响力，揭示出固有的资源、优势，增强叙事者的自我效能，探索叙事重构的方向及独特性。资源性问话有三种：问题没有出现的时候；问题出现后自己的应对方式；周边的资源、支持系统。

喜好性问话指了解叙事者喜欢的、所欲的故事的问话。其目的在于确定问话推进的方向，明确叙事者较喜欢的发展目标。喜好性问话有两类：一是开放式问话，直接问喜欢的是什么；二是封闭性问话，要求人在两种可能性中明确选出喜好，以促使叙事者在生活中为自己人生方向的承诺而尽力。

发展性问话指激励叙事者重新建构故事过程的问话。其目的在于引导来访者把经验的过程和细节、时间的架构、特殊背景及其他人串联起来，让事件在时空中扩展、填满、重新经历，用真实或假设的事件来建构一个新的故事。发展性问话包括三个类型：一是关于问题的新视角及故事的新结局；二是积极发展的关键时间、事件、人物；三是新决定的支持条件及资源。问话时要特别注意引导叙事者放慢事件的速度，注意事件的细节。同时，引导叙事者把焦点放在问题之外，以全新的方式体验生活和自己。

意义性问话是促使叙事者建构故事新意义的问话。其目的在于引导叙事者进入反映的立场，考虑故事、自己和各种关系的不同观点，思索并体验独特结果、较佳方向和新故事经验的含义，并为这些经验的意义命名。意义性问话由浅入深分为三类：一般意义问话；故事含义问话；关于叙事中引申出的个人特质、关系特征、动机、期望、目标、价值观。通常意义性问话与其他类型的问话是交织相关的。

两种支持程序——见证和仪式：叙事干预的另外一个重要技术是支持程序，包括见证和仪式，目的在于鼓励、肯定来访者巩固重构的新故事、新行为、新生活。

见证：每个人的生活中都有困难，也有希望，都希望有人在意，有人聆听。在越来越快节奏的现代生活中，很多人没有机会创作和讲述自己的故事，也很难有时间和精力倾听别人的故事，久而久之，人们更孤独、更焦虑。特别是对父母外出的留守儿童来说，生活中更少聆听者、欣赏者、知心者，幸福故事无人欣赏，悲伤故事也无人聆听。见证者是叙事者重要的支持体系，主要有以下四类：

一是干预者——咨询师、教师、志愿者等。从某种意义上说，干预者是叙事者生活故事的重要见证人。在干预过程中，干预者成为叙事者故事的聆听者、美好事物的见证人、行为改变的支持人。此外，干预者是经过专业训练的教师、咨询师、志愿者，其独有的身份、专业的问话更增强了叙事者的信心和勇气。

二是观众——重要他人。叙事干预的目的是协助当事人回归真实的生活，为帮助叙事者成功地将问题与叙事分离，需要召集观众来见证当事人的新生活。这些观众是对当事人生活有重要影响的家人、教师、同学、朋友、邻居等重要的他人。让观众与见证人的故事彼此交织、相互影响，以协助叙事者从中吸取力量、获得支持。

三是同伴——有同样经历的伙伴。有同样经历的人更容易感同身受、相互理解。因而，干预者可以邀请叙事者与其他有类似问题的来访者一起分享自己的新的个体叙事、解决问题的方法以及相关的文字资料，以使其他来访者从中获益。

四是自己——最重要的见证人。叙事者新生活、新思想、新行为最重要的见证人是自己。干预者可以邀请叙事者记录生活中的变化痕迹，比如记录故事日记、画出故事。[9]

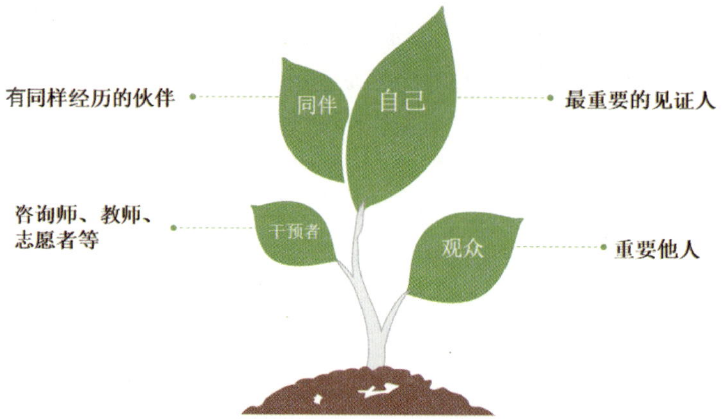

叙事者重要的支持体系

仪式：通常故事的章节之间会有一个承前启后的过渡，这个过渡是一个转折，标志着旧故事的结束和新故事的开始，叙事者常常会希望有个仪式来见证这种变化。仪式行为是一种象征性的动作显示，是人类特有的符号功能，有一种非常奇妙的外在力量，让本来不那么真实的变化变得非常真实可信。仪式的核心在于信念，是来访者在叙事干预过程中形成的一种信念的外显。[10] 叙事中的仪式可以分为两类：

一是小规模仪式。这类仪式只涉及干预者和叙事者，地点就在干预的地方，在干预开始、干预取得一定进步时、干预结束时三个时段举行。

二是大规模仪式。这类仪式涉及干预者、叙事者及其重要他人，会在一些特定的地方，采用特定的方式举行。

（六）叙事干预的程序

叙事干预的程序或流程共有 5 步。

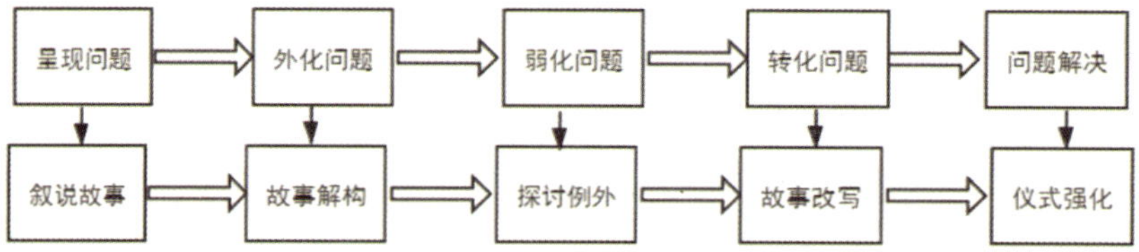

叙事干预的程序

呈现问题——叙说故事。采用未知的开放的态度提问，充分接纳叙事者，引导叙事者充分诉说故事，以便了解故事的来历、背景、影响以及主线故事。

外化问题——故事解构。外化问题指鼓励叙事者将压迫他们的问题客观化或拟人化。问题与问题的影响力互相依赖，问题依靠其影响力而存在，影响力构成了问题的支持生命系统。外化问题有三个作用：一是使当事人将问题和本人分开，给问题命名，或拟人化问题；二是使当事人将问题和问题的影响力分开，有信心和勇气去反抗问题影响力生存的必要条件；三是可以将当事人的问题和主流故事分开，以辨认出那些以前忽略掉的、重要的经验，揭示新的意义，从而促成生活与关系的重写。外化问题可以协助叙事者认清自己与问题关系的转变，从而发展新的可能性。

弱化问题——探讨例外。在故事改写中关键的节点是支配性故事中偶尔出现的、被忽略的情节。这些情节非常重要，好比“四两拨千斤”，好比蝴蝶效应。这些情节是新故事的源头，是叙事者生命中特殊的事例，比如，一些例外的体验、一些重要的人。干预者需要协助来访者用挖掘机挖出这些事例，用探照灯聚焦、定格这些事例，用放大镜细化、扩大这些事例及事例带来的不一样的体验。

转化问题——故事改写。伴随问题外化的另一个程序是改写故事，用新的、更好的故事来代替原来的被问题充斥的支配性故事，提升叙事者自我效能，降低问题的影响力，或重新建构问题，从而免受问题的困扰。

问题解决——仪式强化。强化叙事者对自我的认同与接纳，鼓励叙事者与身边的重要他人分享自己的新感受、新故事，不断强化已有的改变和成长。[11]

（七）叙事干预的注意事项

叙事干预中，需要注意以下几个方面：

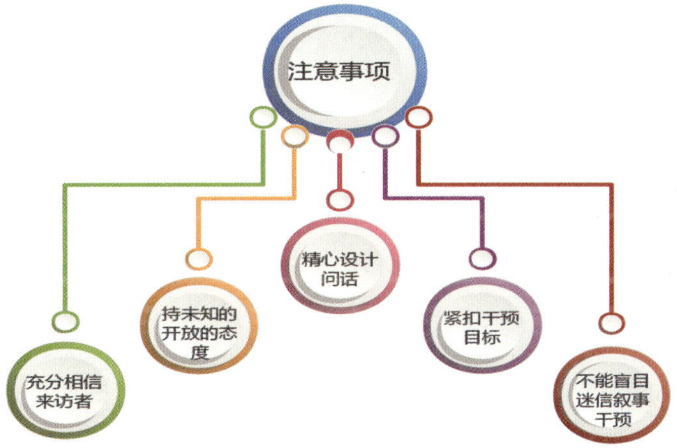

叙事干预的注意事项

一是干预者要充分相信来访者。叙事干预的任务是帮助来访者“去掉”症状，而问题解决的专家是叙事者本人，干预者要充分相信来访者具备建构新故事的能力。

二是干预者要持未知的开放的态度。建构的故事是非常个人化的，干预者无法知道故事的走向，更无法预设故事。干预是一个过程，每次只撰写一部分故事，每个生成性的故事之间环环相扣。干预者保持未知的开放的态度，才能保障故事的不断建构。

三是干预者要精心设计问话。叙事干预是通过问话实现的，问话的质量决定了每一次故事建构的方向。干预者要高度重视与叙事者的口语和非口语沟通，捕捉到对他们最有意义的经验、最在意的资源，并据此提出新的问题，开展新的对话。

四是干预者要紧扣干预目标。叙事不是一般的讲故事，不追求故事的趣味性、完整性及艺术性，看重的是通过建构达成新的故事，在干预过程中，要以当事人所欲的目标为轴进行干预。

五是不能盲目迷信叙事干预。叙事心理治疗的思想探索起步较晚，带有一定的尝试性。从宏观上看，叙事干预方法论体系不完整，研究内容不系统。从微观上看，许多观点尚处于构想阶段，缺乏事实的支持与佐证。[12] 需要从整合的视角研究叙事干预的有效性和实用性。

二、留守儿童叙事干预相关研究概述

（一）研究文献概况

笔者在中国期刊网全文数据库（CNKI）和万方数据库中，以“叙事干预”“叙事心理治疗”为主题检索到文献 350 条。国外的相关研究主要针对叙事心理治疗的基本理论架构和临床实践应用，国内相关文献主要单纯地介绍国外叙事心理治疗的理论和技术。我国台湾和香港的叙事研究起步比较早，大陆的相关研究晚一些。马一波、施铁如、杨广学等从人格理论、文化和语境论、后现代视野角度介绍了叙事心理学和叙事心理治疗的现状及特点。

以“留守儿童”“叙事”为关键词搜索，对文献汇总并剔除重复文献后剩余结果共检索到 26 篇，占留守儿童文献数量的 0.15%，占叙事干预研究的 13.4%。我国学者对留守儿童进行了相关研究，但对留守儿童叙事方面的研究不多。

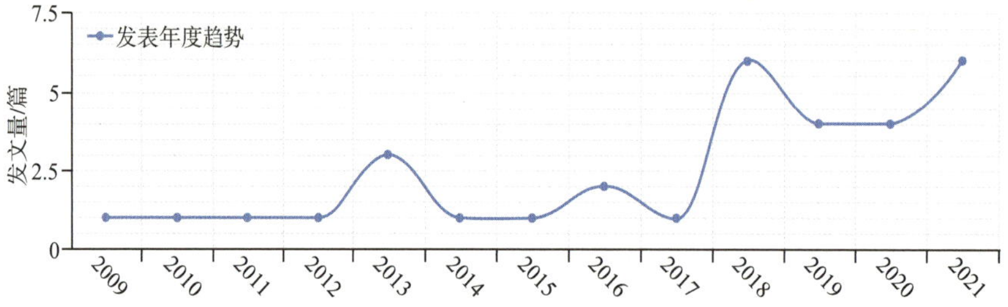

以“留守儿童”“叙事”为关键词搜索出的文献数

（二）研究内容分析

对 26 篇文献整理归类后，发现中文文献中对留守儿童生命叙事的内容、必要性、目标、途径与方法、研究现状等主题进行讨论。

（1）关于留守儿童叙事干预的必要性。农村留守儿童群体问题具有严峻性和紧迫性，留守儿童是特殊社会群体，学校和教师对留守儿童生命叙事的关注度逐渐提高。[13] 学者提出了留守儿童被随意寄养在各种亲情、友情、乡情关系编织起来的乡土网络中，自身教育和身心发展得不到保障，推动留守儿童生命叙事的出现。[14] 杜露运用个案访谈法，道出留守儿童厌学情绪背后存在的社会问题，研究主要集中在对留守儿童学习、偏差行为以及对自身的自我同一性的建立程度上[15]。更多学者立足于个体和环境进行研究，先从个体所处的环境上了解个体的基本状况，再与个体单独谈话，了解个体的真实想法，进而对个体身边的资源进行整合，让个体拥有一个新的视角来看待自己，提高自我同一性，从而完成自己的生命叙事。[16–17]

（2）关于留守儿童叙事的内容。学者主要从外部因素出发，关注留守儿童学习动力困境及成因，并对其进行叙事干预。[18]学校在面对留守儿童的偏差行为或品德发展问题时，德育方法单一化，以灌输、说教和惩罚为主，轻视学生的主体参与，缺乏对个体生命独特性的尊重与理解，这些方法不但不能够改善留守儿童的现状，反而会使其问题愈演愈烈。[19]叙事干预以讲故事的方式来进行，在叙事的过程中采用结构访谈的形式[20]，在技术上重视语言作用并整合了多种疗法的沟通技巧，这不仅能使留守儿童积极地与社会工作者交流，还能使相关人员对留守儿童个体的成长、学习经历有更深入的了解，更有利于帮助留守儿童解决困扰自身的问题。叙事干预的涵盖范围广。在使用叙事疗法时会从心理、学业与社会化三个维度对三类心理、行为特征截然不同的留守儿童进行叙事研究，这样可以更好地发现留守儿童身边的资源及其具有的资源。[21–22]

（3）关于留守儿童叙事干预的目标。在相关研究中，对留守儿童进行叙事干预的目标主要是帮助其发现有意义的边缘故事及重建积极的自我认同。[23]一方面，运用叙事的方法，发现留守儿童的问题，描述并将问题进行外化来重构叙事，帮助其解构生活中控制自己的主流叙事，通过发现边缘故事来重塑新的意义，使其在积极状态中体验生活和学习的意义。另一方面，借助叙事，使处于留守状态的儿童将孤独体验与消极的自我认同分离，重建积极认同，并鼓励其发挥优势与潜能，增强抵抗不利处境的能力。[24]此外，叙事也可以展现一个留守儿童真实的家庭、教育状态，通过留守儿童的叙事，揭示当今社会留守儿童这个群体普遍面临的危机，在一定程度上呼吁社会各界对留守儿童进行关注。[25]

（4）关于留守儿童叙事的途径与方法。赵兆提出治疗信件的叙事治疗方法。[26]作为一种有效的干预方法，治疗信件在叙事治疗中被广泛应用。[27]杨旭东将社会支持、家庭系统和赋权等理论与家庭访问、无结构式访谈、实地考察和个案研究等方法相结合，在社会群体中，也对同辈群体有一定的积极作用。[28]对留守儿童和困境青少年进行叙事干预，在一定程度上能够建立起比较系统的模式，能够在留守儿童和困境青少年与外界环境之间搭建起一座桥梁，加强其与外界的交流。

（5）关于留守儿童叙事的研究现状。已有的研究在探究留守儿童的困境时，多采用大数据形式来进行，缺乏对群体内部个体的深入剖析。[29]

（三）研究的不足及努力的方向

由上可见，我国对农村留守儿童叙事干预研究还不多，系统性叙事干预较少，个体干预的研究较少，虽然进行团体叙事干预可行，但是其也具有一定的局限性，样本数偏少也导致了代表性差，只能代表某一小范围的留守儿童。

（1）被试类型片面化。学者把留守儿童或困境青少年十分典型的例子拿出来进行叙事干预，在一定程度上造成被试类型的片面化，忽略了无留守、困境经历的儿童和青少年，限制了所得结论的适用性。需要扩大样本的数量，明确分类标准，丰富被试类型。

（2）研究工具较为单一。在调查研究中使用的评价工具多为心理健康量表及问卷。这样的方法能得到大量的数据来做研究，但其量表与问卷本身的不足及数据统合的难易程度会导致以主观、片面的视角去了解留守儿童和困境青少年的心理状况。

（3）研究视角比较狭窄。有关研究中，研究者致力于把叙事作为了解留守儿童心理行为、社会交往及道德品质发展的重要手段[30-31]，但具有刻板思维，即以农村留守儿童为“弱势群体”或“问题群体”作为研究假设[32]，大肆叙述其消极事件，最终得出其心理问题突出、行为偏离明显、人际交往退避及道德品质亟待提高的结论。事实上，农村留守儿童不是一个分化的群体，其中存在适应良好的儿童，如果以更为积极的态度看待农村留守儿童的发展，可能更能提升其社会适应能力，促进留守儿童积极适应生活，进而实现构建和谐社会的目的。[33]

三、本项目研究与服务概述

自2015年起，项目组依托各类课题及项目，开展了叙事干预的相关研究与实践，多方面提升研究与服务的科学性、有效性和持续性。

一是提升师生团队叙事干预实务能力。团队通过三个路径提升师生团队叙事干预实务能力：①应用心理学专业《叙事心理干预理论与实务》选修课；②在全校性选修课《困境儿童心理与社会服务》中植入叙事干预章节；③对宜宾学院心之荷志愿者开展了叙事干预技能训练。

二是完善叙事干预的相关理论及技术。团队在对已有研究文献进行整理的基础上，对已有叙事心理治疗进行了三个方面的完善。①叙事干预六大基本理念：“人类行为具有故事性”“故事的创作者是自己”“故事可以重构与替代”“人≠问题”“问题有多元化视角”“当事人是自己问题的专家”。②叙事干预的两大技术：五种问话（解构性问话、资源性问话、喜好性问话、发展性问话及意义性问话），两种支持程序（见证和仪式），对每一个具体技术进行了扩充。③叙事干预的五个步骤：呈现问题——叙说故事，外化问题——故事解构，弱化问题——探讨例外，转化问题——故事改写，问题解决——仪式强化。

三是开展留守儿童叙事干预的实务工作。项目组采用两种方式开展留守儿童叙事干预实务：①面对团体的叙事干预，包括两类：第一，整合政府、学校等社会支持网络开展的开放性团体叙事干预，有代表性的是2015—2016年项目组协同共青团宜宾市委、共青团宜宾学院委员会开展的“在留守中成长”团体叙事干预（将在本章第二节详细介绍）；第二，以学校、村社留守儿童小组为单位开展结构性、封闭性团体叙事干预。②对留守儿童个体的叙事干预，也包括两类：一种是纯粹的叙事干预技术运用；另一种是将叙事干预技术整合到其他技术中使用。

四是推广留守儿童叙事干预成果。留守儿童叙事干预部分优秀故事被纳入华东师范大学、中央广播电视大学关爱留守儿童网络课程培训中，用于全国各地乡村教师培训；自编书籍《故事里的事——留守儿童生命叙事》被共青团宜宾市委志愿者培训项目采用，用于培训志愿者，被宜宾市教育和体育局教师培训项目采用，用于培训留守儿童教师，被宜宾学院心之荷志愿者协会采用，用于培训志愿者，被宜宾学院法学院采用，用于《留守儿童心理与社会服务》课程拓展阅读资料。

留守者生命叙事入选中央广播电视大学“国培计划——乡村教师培训”课程

※ 集体叙事干预及其效果评估

第二节　团体叙事干预及其效果

项目组前期研究显示，留守儿童心理健康水平有较大提升空间。根据前期调研结果，项目组开展了针对留守群体的叙事干预活动，其主要包括两类：一是以留守儿童（包括曾留守大学生）为对象的团体叙事干预；二是以个别留守儿童为对象的个体叙事干预。

本节呈现的是团体叙事干预活动及其效果。需要说明的是，本次团体叙事干预与纯粹心理学意义上的叙事心理干预不同，是将专业的心理学方法运用于社会工作的典型案例。本次活动更关注留守儿童与环境的互动、曾留守者对过去留守岁月的反思和重构，目的在于协助留守个体及群体适应所在的社会环境脉络，增强或恢复其社会功能的能量，创造有利于留守者健康成长的社会条件。本次活动的重点在于采用大规模仪式见证留守儿童的成长，是一场比较大型的、整合的、综合类团体叙事干预活动。与一般的活动相比，本次活动有清晰的目标、结构化的流程、活动后的效果评估，实施过程依照叙事过程设计和开展，因而是一场较为专业的叙事干预活动。

一、活动设计

（一）活动名称

守“爱”·暖“心”——在留守中成长

（二）活动目标

（1）协助有留守经历的大学生回顾留守经历，建构积极生命故事。

（2）挖掘曾留守大学生成长的好故事和积极资源，凝聚正能量。

（3）探索留守经历中的保护性因子及关键节点，科学关爱留守儿童。

（4）发现、记录、分享留守儿童群体中感人的典型事例，激发正能量。

（5）汇编优秀作品，树立榜样，激励留守儿童成长，传递正能量。

（三）活动性质

开放性、非结构性、整合性。

（四）参与对象

曾留守大学生、留守儿童、社会公众。

活动组织者与实施者如下。

组织单位：共青团宜宾市委、宜宾学院综合人文素质实验教学示范中心、宜宾学院教育科学学院、宜宾学院美术与艺术设计学院。

领导组：蒋伟、毛克强、孟林、付朝鼎、罗先凤、杨随军、何会宁、杨剑涛。

工作组：朱涛、赵政一、何奎莲、郑春、张莉、向娟、夏素荣、唐海波等。

参与单位：宜宾市教育和体育局、宜宾市妇联、宜宾市民政局、宜宾市关工委、宜宾市老龄委、高县团委、留守儿童服务点相关人员等。

项目负责人：何奎莲，应用心理学教授，心理咨询师，社会工作师，心理督导师，教育部《西南农村留守家庭心理支持体系研究》负责人。

（五）活动时间

2015 年 6 月—2016 年 6 月，持续一年。

（六）理论基础

1. 社会学习理论

社会学习理论认为，人们通常是通过对他人的行为进行观察和模仿来学习和形成一种新的行为方式，尤其是对人们在社会生活中的各类行为进行观察、学习。[34] 为留守儿童群体提供多个可模仿的榜样，有助于他们通过对榜样的观察和学习，改变不适应的行为，积极发展。

2. 当事人中心治疗理论

该理论认为，只要创造一种最优化的心理气氛，每个人都有一种内在的自我理解和改变其对自己、对他人的看法的可能性，并能表现出自我指导的行为方式。[35]

3. 社会支持理论

社会支持理论认为，人类生存需要与他人共同合作，仰赖他人协助，人类生命发展历程都会遭遇一些可预期和不可预期的生活事件，需要资源以解决问题。社会支持的增加会使人们的心理健康水平显著提高；社会支持适时介入有压力的环境及压力处理中，可以减少压力造成的不良影响，预防或者减少危机。[36]

4. 优势视角理论

优势视角指着眼于个人的优势，以利用和开发人的潜能为出发点，协助其从挫折和不幸的逆境中挣脱出来，最终达到其目标、实现其理想的一种思维方式和工作方法。该理论由美国堪萨斯大学社会福利学院教授 Dennis Saleebey 在《优势视角：社会工作实践的新模式》一书中提出。[37] 这一视角反对将服务对象问题化，强调人类精神的内在智慧，认为每个个体、团体、家庭和社区都有优势，即使是最可怜的、被社会遗弃的人也具有内在的转变能力。

5. 场地理论

场地理论是黎温基于完形心理学的理念提出的，该理论认为人的行为与周围环境之间是交互作用的，人类的行为表现是由整体环境中的各种可意识到的因素决定的，凡是所有在环境中可意识到的因素，都会与个体交互作用，进而影响个体的行为表现。人类的一切行为都会受到别人的影响，同时，个人的言行举止也随时随地都会影响别人。人们生活在一个不停变化的环境中，而环境中所有的变动都可能会影响环境中的任何人。

6. 镜中我理论

镜中我理论由美国社会学家查尔斯·霍顿·库利在其 1909 年出版的《社会组织》一书

中提出。[38]该理论认为，人的行为在很大程度上取决于对自我的认识，而这种认识主要是通过与他人的社会互动形成的，他人对自己的评价、态度等是反映自我的一面“镜子”，个人通过这面“镜子”认识和把握自己。因此，人的自我是通过与他人的相互作用形成的。

（七）活动设计

活动共分7个，详细内容见表4.1。

表4.1 团体叙事干预活动计划表

序	单元名称	单元目标	活动内容及要求
1	“在留守中成长”主题征文	协助有留守经历的大学生通过撰写征文，回顾留守经历，建构积极生命故事。挖掘曾留守大学生成长的好故事和积极资源，凝聚正能量	围绕“在留守中成长”自拟题目，结合自身留守经历或身边留守家庭的故事书写。内容参考以下结构：首先是留守经历素描，当时的感受；其次是成长中的关键时间、关键事件、关键人物；最后是今天回首留守经历的感受、收获
2	“在留守中成长”主题演讲	协助有留守经历的大学生通过讲述留守经历，传播正能量	围绕“在留守中成长”主题自拟题目，时间为3～5分钟。所讲内容为自身留守经历或留守家庭的真实故事。演讲内容架构与征文相同
3	“美丽心灵”主题数字故事	挖掘留守儿童成长的好故事和积极资源，传播正能量	以留守儿童群体中的积极发展者为主角，拍摄微故事，时长5～10分钟
4	“感动瞬间”摄影作品征集	发现、记录、分享留守儿童群体中感人的典型事例，激发正能量	收集感动心灵的留守主题的照片，可用数码相机或手机进行拍摄，并配诗文。要求真实、有感染力
5	“益守幸福”主题心理剧征集	探索留守经历中的保护性因子及关键节点，科学关爱留守儿童	收集志愿服务中的素材，创编以留守儿童为主题的心理剧。要求主题突出、富有感染力，须为原创
6	“画中话”留守儿童绘画作品征集	收集留守儿童绘画作品，探索其心路历程，增进社会对他们的了解	在留守家庭心理支持服务中，收集留守儿童绘画，整理、分析
7	“在留守中成长”成果汇编	汇编优秀作品，树立榜样，激励留守儿童成长，传递正能量	将以上6个活动的成果整理编排成系列手册

二、实施过程

该活动涉及因素较多，时间较长，分四个阶段实施，见下图。

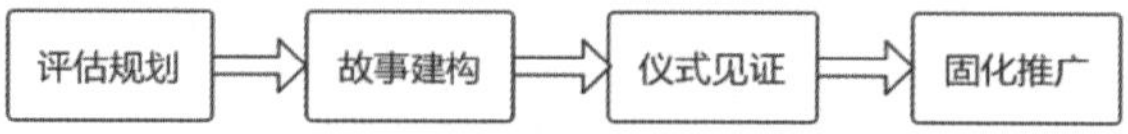

集体叙事实施流程

（一）评估规划——评估留守儿童社会支持网络启动活动

立足前期调研数据及访谈情况，执行团队评估了留守儿童（含曾留守大学生）个人、社区层面的社会支持网络，包括政府、非政府组织、学校，拟订活动计划。共青团宜宾市委、宜宾学院综合人文素质实验教学示范中心协同宜宾学院团委、教师教育学院、美术与艺术设计学院等部门启动“在留守中成长”活动。

（二）故事建构——留守者（曾留守者）生命故事新构建

用“写出来、讲出来、演出来、画出来”四种形式统整留守经历对个人的价值与意义。从正向积极的视角出发，叙写曾留守者、正留守者生命故事。创作者可能是留守者，也可能是非留守者。叙事者与其他有类似经历的伙伴一起撰写、分享留守经历的影响、成长关键事件、成长的心路历程。有同样留守经历的个体在分享，也在彼此理解、相互接纳。本阶段分为两部分：首先催化重构留守生命故事，包括留守经历、关键事件、成长感悟；在此基础上，拓展新故事中的支线故事，强化积极因子，扩大正性影响。

（三）仪式见证——强化留守者（曾留守者）生命新故事

邀请干预者、叙事者及其重要他人，在一些特定的地方，采用特定的方式举行隆重仪式，见证留守群体生命故事，特别是其中积极、正向的生命故事。让旧故事的结束和新故事的开始有人见证，同时引起社会对留守群体的关注，让更多的人倾听留守群体的心声，用发展的眼光、欣赏的眼光看待他们。同时，为正在留守的儿童提供榜样示范，引领更多留守儿童健康成长。本次活动通过三个仪式见证曾留守大学生的成长与蜕变：一是在正式的美术展厅向社会公众展出留守儿童优秀绘画、摄影、微电影；二是举办大型成果汇报及颁奖仪式；三是成果汇编及推广。活动中共有三类见证人见证他们的新故事：一是自己；二是同龄伙伴及有类似经历的人；三是有一定权威性的人。本次活动中，共青团宜宾市委、宜宾学院、宜宾市民政、工会、妇联、关工委等各部门领导，宜宾学院师生，周边中小学的部分留守儿童及其老师、家长，志愿组织的志愿者，媒体人及自由职业者，1 000 余人观摩了展出，共同倾听了曾留守者的生命故事，专家和领导在点评中对曾留守者予以充分肯定，为优秀者颁发证书。这些仪式及见证人对曾留守者新故事、新行为、新生活的巩固是非常重要的鼓励和社会支持（表 4.2）。

表4.2　活动仪式安排

活动时间	活动地点	主题词	活动形式	负责人
2016 年 5 月 3—5 日	宜宾学院 B 区美术展览厅	行走 · 痕迹	志愿活动图片展	孟林、何奎莲
		定格 · 瞬间	志愿者摄影作品展评	高增辉、向娟
		流动 · 心语	留守儿童绘画作品展	杨剑涛、张莉
		体验 · 感言	志愿者征文展评	何奎莲、郑春

续　表

2016 年 5 月 25 日晚	宜宾学院演播大厅	经历·感悟	志愿者演讲决赛	杨随军、郑春
		再现·重构	心理剧展演	何会宁、何奎莲
		故事·触动	微电影展播	邱军、郑春
		收获·成长	留守儿童工作志愿者表彰会	蒋伟、朱涛
			“在留守中成长”活动颁奖	毛克强、罗先凤

（四）固化推广——传播留守者（曾留守者）生命新形象

活动后，征得作者同意，将其作品汇编成“在留守中成长”系列读本，见下图。我们将它送给参与活动的曾留守大学生，使其印证自己的成长，不断强化已有的改变和成长；我们将它用于关爱留守儿童的志愿者、教师、工作者培训，以期让更多的人见证留守新故事；我们也将它送给留守儿童，希望他们读到这些故事，播下希望的种子，以期“长大后我就成了你”。

目录

曾留守者集体叙事作品汇编

三、效果评估及项目意义

有 178 名志愿者参与了叙事活动，征集摄影作品 100 多幅，绘画作品 1 080 幅，征文 100 余篇。课题组对征文文稿和演讲文稿的分析评估结果显示：叙事促进了留守者建构积极生命故事，促成了留守者自我和解、与家人的和解，提升了其心理健康水平；叙事挖掘了留守经历中的保护性因子及支持条件，为今后开展留守儿童关爱提供了科学依据；叙事促进了曾留守者及非留守大学生对留守儿童青少年的理解与共情，他们更愿意参与关爱留守儿童公益活动，服务社会的意识与能力大幅度提升。

（一）再现了留守历程对生命的巨大影响

征文中对留守经历的描述再现了儿童留守经历对个体的巨大影响。时隔多年，叙事者依然清晰记得旧时场景和彼时负面感受。

父母带着年幼的弟弟去比较远的地方打工，我从小就和爷爷奶奶一起住。在上小学时，我最怕的就是老师让写我的父亲、母亲之类的作文，因为我真的不知道怎么去写。

没有人知道我每天有没有吃饱，有没有跟上营养，也没有人知道冬天我是不是被冻得全身都快成冰块了，反正我记得穿的就是妈妈还在家里的时候为我留下的衣服，还有别人送我的，吃得饱一顿饿一顿的，几乎都是在学校和别人家里蹭饭，唯独陪我的就是一条小狗和一堆自制的“过家家”的玩具。我每天除了在学校，就在奶奶的谩骂中孤零零地长大，所以不想待在家里的我就是一个野孩子，带着我的狗狗，到处蹭吃蹭喝，晚上就在床边的墙壁上拿着短得不得了的铅笔画着一个一个的正字，期盼着家人回来的时刻快点到来，一日复一日。

（二）建构了留守者的积极生命故事

虽然回顾留守经历，唏嘘无数。但无一例外的是，通过活动，叙事者全部建构了对留守经历的新视角、新认知、新感悟，强化了对自我的认同与接纳，对当时遭遇的问题以及周边的人有了完全不一样的积极认知。

留守经历或许对当时的影响很大，但对现在的我来说就是一笔不菲的财富。留守让我更加积极地生活，更加感恩，更加珍惜。

（三）呈现了留守经历中的保护性因子及支持条件

团体叙事呈现了叙事者留守经历中的保护性因子，其主要包括以下三类：

1. 个体自身具有的保护性因子

个体自身具有的保护性因子包括读书和学习、觉悟和反思。

上高中就是我最明智的选择，因为 2014 年我考上了大学，成为两大家族中唯一的一个大学生，成为他们的骄傲和希望。

2. 重要他人

支持、保护留守儿童健康成长的第二个保护因子是重要他人，他们的身边一定有个重要他人为其提供心理支持，这个重要他人主要来自家庭、学校，部分来自社会。

来自家庭中的重要他人——慈祥的奶奶、温柔的妈妈、负责的爸爸。

直到高三，学校为我们举办18岁成人礼活动，并秘密地让家长给自己的孩子写一封信。当我读着那封信，泪水模糊了我的视线，我才更深地理解了他们。那封信让我有点意外，是从来不知道怎么表达父爱的爸爸写的，内容也是他用之前从来没有说过的语气写的语重心长的话，让我瞬间有一种受宠若惊的感觉、一种好像我拥有了全世界一样的感动。我深切地感受到了，他们如此爱我。

来自学校的重要他人——关心自己的老师，包括小学、初中、高中、大学老师。这些老师具有这样一些特质：温暖、负责、睿智，能为留守者指明努力方向，从而点亮希望之灯。

高中时，我已经从甘肃老家到了新疆克拉玛依，从留守儿童成为外来务工子女。我进入高二理科学习将近半个学期后，产生了转文的想法。这一想法遭到了父母的坚决反对和同学的不解，让我陷入迷茫、彷徨。我不知道在这个十字路口我该怎么抉择，不知道怎样面对外界的质疑。何老师知道后先安抚了我的情绪，她并没有对我的犹豫不决而感到不耐烦，而是经常带着我到其他老师那里询问，想各种方法让我自己做出决定。寒冷的北方，每天晚自习后，老师都会陪着我，和我一起面对那些外界的压力，用赤诚的爱消除了我的迷茫。那时的老师对我而言是给我光明的北极星，更是一位知心朋友。

幸好在大学的时光里我遇见了两位好老师，促使我发生了改变与成长。如果说古妈让我重新认识了自我，那么何妈应该算是让我疗愈了曾经的自我吧。在生命最重要的时光里能遇到古妈和何妈是我最大的幸运，一个让我从“心”认识了自我，一个让我疗愈曾经的“我”。

来自同龄人的重要他人。

阳阳是班上最努力的女孩，也是笑起来最好看的那一个。她人如其名，一直都努力地向着太阳生长。大三时我深陷泥潭，孤单无力，焦虑、自责、忧虑。阳阳每天都来问我今天有没有好一些，并告诉我，当她不在的时候，还有其他人在，其他人不在的时候，也有我自己。她的鼓励慢慢撕开了笼罩在我头上的乌云，让生活重回正轨。大四考研让我压力巨大，她告诉我只有努力，才可以获得最后的成功，相信自己一定可以。望着她认真学习的背影，我知道，是的，有这样一个人，她相信我可以，她相信我可以做到。如今，带着阳光的笑容，她在北京开始了她的研究生新旅程，她那阳光的笑容也挂在了我在云南的学习生活中。

3. 来自社会和环境的重要事件

在关键事件中，所有曾留守者都提到了参与公益活动。特别是参与留守儿童关爱活动，是他们生命转折的重要节点。在服务有同样经历的孩子时，他们更能共情彼此，彼此获益，共同积极成长。

去年参加了何奎莲老师组建的关爱留守的志愿者团队，在做实践活动的时候，我忽然觉得那段留守经历很宝贵。在去走访那些留守家庭的时候，我觉得我和他们感同身受。

我是个典型的留守儿童，我身上具备很多这个群体所具备的特质，自卑、内向、不合群等，这些似乎烙刻在了骨子里。选择心理学专业在很大程度上是为了救赎自己，将自己从深陷的泥潭中拉出来。或许是“病入膏肓”，尽管努力地去疗愈内心的某些东西，但效果依然不够明显。在大四这一年有幸更深入地接触了“留守儿童”这个群体，从他们身上我仿佛看到了成长过程中的自己，从他们的身上我汲取了更多的养分。

（四）促成了留守者与自我、家人、社会的和解及公益之行

团体叙事为留守者提供了一个认清和接纳自己、父母、祖辈的机会，促成了留守者与自我、家人、社会的和解，同时强化了曾留守者的公益之心和公益之行。

正因为在成长过程中有那么多的朋友曾给过我温暖，才多多少少弥补了我内心的灰暗，才有了现在乐观开朗的我。朋友的陪伴有着治愈的神奇力量，请相信吧，若是遍地暖阳，何处不阳光！关爱留守儿童，我会一直努力。

下午我去了镇上的留守之家，在那里结识了一群可爱的小朋友。一起看书，一起做游戏……整个下午欢声笑语不断，我也很开心。“我愿意陪伴你，走上回家的路。”这句歌词也是我想说的。虽然我的力量很微小，但是我会继续坚持。

团体叙事干预为我们提供了一个很好的方式，让我们能在短时间内更好地陪伴、认识、激励那些经历了留守的儿童、青少年，让我们看到他们在留守经历中的挣扎、反思与渴望，更看到他们的努力、感恩、上进与责任。同时，团体叙事也让参与者在叙事中体验留守经历带来的相同及不同感受，相互激励，借由团体动力促进彼此成长。

“益守幸福”留守学生团体心理辅导

带领者简介：陈静，教育部名师领航工程唐远琼工作室成员，宜宾市第四中学专职心理教师，三级心理咨询师，心理危机干预师，生涯规划指导师。国培计划“中西部项目——

紧缺领域（生命教育）”授课教师，主研课题获市教育发展改革研究成果一等奖，中央广播电视大学教育部“国培计划——中小学骨干教师远程培训项目”专家。

寄语留守：爱心汇聚力量，真情共筑希望。

※ 个体叙事干预及效果评估

第三节 留守儿童个体叙事干预及其效果

2017 年夏，我们去乡村学校开展留守儿童关爱活动。在带领孩子们开展运动、绘画等活动后，我们告知孩子，集体活动结束后，可以来找我们聊天，我们在另外一间安静的小屋子里等大家。几分钟后，一个 15 岁的姑娘来到了屋子里。在了解基本情况后，根据该生特点，咨询师采用叙事干预技术对其进行了 60 分钟的干预。

一、来访者基本情况及干预设置

（一）基本信息

小倩（化名），女，15 岁，就读某乡镇初中三年级，父母在外打工，跟年迈的爷爷奶奶生活。她最近感觉舍友总在议论自己，常常睡不好，不但没有心思学习，而且觉得活着都没有什么意思，用刀子割过自己的手腕，有几次都想从教学楼上跳下去。

主诉问题与访谈目标如下。

主诉：小倩感觉焦虑、羞耻、悲观，觉得自己道德有问题、品行有问题、心态有问题，是一个被遗弃了的孩子，也活该被遗弃。她最近频繁哭泣、走神，对学习没有兴趣。

目标：减少负性情绪体验，提升自我效能，改变负性自我评价。

（二）干预设置

由于是一次性的关爱留守儿童志愿服务，活动结束后我们就会离开，无法开展长程心理辅导。学校本身也没有心理咨询师，无法从专业的角度进行后续咨询。加之小倩语言表达清晰、流畅，考虑到时间限制和小倩的特点，咨询师采用叙事干预技术与小倩进行了一次 60 分钟左右的会谈。

二、叙事干预流程简述

（一）澄清：引导来访者叙说事情，让问题呈现

采用简短的开场让当事人放松，采用未知的开放的态度提问，选择能表示理解与支持的话语加以回应，充分接纳叙事者，引导叙事者充分诉说故事，以便了解故事的来历、背景、影响以及主线故事（见表 4.3）。尊重来访者对问题的主观诠释，不评价、不建议、不指责。

表4.3　谈话内容之一

谈话内容	技术及分析
（谈话前老师做了自我介绍并告知咨询原则、时间） 师：今天怎么想到来这里呢？ 倩：你是心理专家，我遇到一些事情，很影响我，想找你帮帮我。 师：谢谢信任！遇到自己暂时解决不了的事，知道找专业人士协助，你比较有主见哦。具体是什么事情，可以告诉我吗？ 倩：我最近心情很不好，觉得活着没有什么意义。 师：发生了一些事情，对你的心情有影响，是吗？ 倩：对。最近宿舍的人总是嘀嘀咕咕说我，看我的眼神很怪，有时候还嘲笑我，平时也不和我一起玩；我上课完全没有办法集中注意力，老是走神，学习成绩一路下滑，好多科都不及格，老师也不想管我；我睡不好觉，好不容易睡着了，就做噩梦，梦里也有人笑我；我也觉得自己一无是处。感觉很难受，又不知道该怎么办。 师：遇到这样的事，很多人都会感觉难受。为了更好地协助你，我想了解具体发生了一些什么事。 ……	未知的开放的态度 及时肯定 引导小倩表达 及时回应 对任何叙说都予以接纳并表达理解与支持 引导小倩充分表达

教师引导小倩充分表达，在小倩的叙说中，10 分钟左右主线故事慢慢浮现。

主线故事浮现——那个被世界遗弃的坏女孩

小倩家在离县城比较远的大山上，非常偏僻。父母没什么文化，平时也很少打电话给小倩，偶尔打电话，就是问学习。父母过年回来与小倩也没什么交流。妈妈偶尔管教小倩，叫小倩不要跟不三不四的人来往，要好好学习，走出大山。爷爷奶奶不善言辞，管教方式简单粗暴，觉得女孩子读不读书都无所谓，还是早点嫁人好。小倩在镇上读的小学，每天一个人或约几个伙伴一起上学。一～五年级成绩很好，六年级有一次放学回家的路上，被一个社会青年纠缠，感觉害怕、担心，觉得自己是个坏女孩，才会引来坏人，没有勇气跟老师和爸爸妈妈说，更不敢和爷爷奶奶说。对方不断骚扰她，要和她谈恋爱，她觉得害怕，也有点好奇，就答应了。小倩和对方有拥抱、拉手行为，还去开过房，但坐了一会儿就找借口回家了。小倩觉得这样下去不好，就和对方分开了，对方不死心，有时跟别人乱说小倩，周围有人嘲笑过小倩。因为这些事，小倩没有心情好好学习，成绩急剧下滑，没考上县城初中。上初中后一开始没有人知道这个事，但小倩总是担心被人知道，一直没有办法集中精力学习。上学期不知道怎么，这件事被宿舍的室友知道了，小倩感觉她们都在嘲笑自己，孤立自己，背后议论自己是个坏女孩。小倩常常睡不好，没有心思学习，觉得活着没有什么意思，用刀子割过自己的手腕，有几次都想从教学楼上跳下去。

（二）外化：协助来访者外化问题，逐步解构主线故事

外化问题包括三部分：一是鼓励叙事者将压迫她的问题客观化或拟人化，使当事人将问题和本人分开；二是使当事人将问题和问题的影响力分开，有信心和勇气去反抗问题影响力；三是可以将当事人的问题和主流故事分开，以辨认出那些以前忽略掉的、重要的经验，为后面故事重构奠定基础（见表 4.4）。

表4.4　谈话内容之二

谈话内容	技术及分析
师：我听到了你给我讲的这些故事，故事中的小姑娘经历了这么多，真让人心疼。我想邀请你给这个故事取一个名字，你会怎么取？ 倩：一个被世界遗弃的坏女孩。	将问题与人分开 撕掉标签
师：这个女孩遭遇了一些让她感觉很坏的事（简述）。如果要给这些坏事取一个名字，你会怎么取？ 倩：恶魔的世界。	为问题命名，将问题对象化
师：这些恶魔对那个小女孩有什么影响？ 倩：让她伤心、无助、失望。 师：这些事件中，你觉得哪些对你影响很大？ 倩：小学六年级那件事啊，我怎么就同意跟他谈恋爱、开房呢？我觉得自己太坏了。	将问题与影响力分开
师：六年级的时候，你多大呢？ 倩：（不解）12 岁不到啊。 师：你周边的 12 岁的孩子有什么特点啊？ 倩：（笑）小屁孩一个，自以为懂事，其实啥都不懂啊。	跳出问题看故事
师：现在回头看看，那时候做出那样的决定，可以理解吗？ 倩：（思考后微笑）那时考虑事情不周全，发生了那样的事，又没有人可以说，担心、害怕，做出那样的决定也是可以理解的，我很心疼那个时候的自己（流泪）。	减轻负性情绪 弱化问题影响力 眼泪象征松动和转化的开始
师：是的，那真的让人心疼。今天回头看看，可以为那个让人心疼的孩子做点什么？ 倩：我要原谅她，想抱抱她（继续流泪）。 ……	接纳自己，不再为过去的事内疚自责，消除耻感，建构解决之道

（三）积累：协助来访者探讨例外，积累新故事的素材

故事改写中关键的节点是支配性故事中偶尔出现的、被忽略的情节，这些情节是不符合问题故事的一些特殊的事、例外的体验、重要的他人、应对的策略等，通常存在于问题未发生、较少发生、没那么严重时。这些情节是新故事的源头。干预者需要协助来访者寻找、识别这些积极事件，用挖掘机挖出这些事例，用探照灯聚焦、定格这些事例，用放大镜细化、扩大这些事例及事例带来的不一样的体验，从而提升来访者自我效能，增强其问题解决的意愿、信心和执行力（见表 4.5）。

表4.5　谈话内容之三

谈话内容	技术及分析
师：有没有一些时候，你不用去想这些事？或想起这些事的时候，心里不那么难受？	
倩：回老家的时候。	
师：哦？	通过例外寻找，资源滚雪球似的出现
倩：我老家在山里，周边都是树，门前有一块平地，有一条小溪绕地而过。树都郁郁葱葱的，天空特别蓝，空气特别清新，水特别纯净。真的是“溪边照影行，天在清溪底”……	资源 1 出现（环境、体验、个人特质）
师：（不断点头、眯眼、深呼吸）：一幅美丽的画！你老家真美啊！生活在这样的地方感觉好幸福哦。你的语言好流畅灵动，能用如此美丽的语言描述自己美丽的家乡，厉害啊！你的观察力很强啊！我猜你的文字功夫也很了得？	
倩：（笑）老师，是的哦，我小学写的作文常常被老师表扬哦，现在我的语文成绩也不错，作文一直是我的强项。	
师：（点头）文笔不错的女子！怎么把自己的语言练得这么好？	
倩：我很喜欢看书啊，父母不在家，爷爷奶奶也不怎么和我说话，一个人没有什么事做就看书哦。	资源 2 出现（人物）
师：书来自哪里呢？通常什么时间看呢？	资源 3 出现（事件）
倩：我父母会给我买，我也可以在网上买，还可以跟同学借啊。上初中了，学校图书馆也有书哦。	资源 4 出现（看书及因为看书出现的人、行动、场地等）
师：父母和自己买书，跟同学借书，上图书馆看书，你看书的渠道真多。你喜欢什么类型的书或者作家？	
倩：我喜欢那些女作家啊，比如，李清照、三毛……	
师：哦？	
倩：（讲这几个人的故事）	
师：你觉得她们几个有什么特点呢？	资源 5 出现（喜好） 对于个体来说有重要意义的重要他人出现
倩：李清照不同时期的情绪都可以用优美的文字表达，三毛可以到处看看……	
师：哇，你用心思考了她们的特点，很有自己的见解哦。除了作文，你还写其他东西吗？	
倩：日记啊，随笔啊，对了，还有小说。我喜欢写，心情不好的时候，写写就好一些。	
师：看书、写作，都是让你心情好的事哦。我还比较好奇的是，你这些爱好啊，特长啊，哪些人知道呢？	资源 6 出现（喜好、行为、应对）
倩：我的语文老师啊，她常常表扬我，我写的一些作文被当作范文让我读给全班同学听。	
师：还有呢？	资源 7 出现（重要他人，支持系统出现）
倩：我妈吧，我给她写过一张卡片，她说我写得挺好的。	
师：还有呢？	
倩：（不好意思）一个网友哦。我们会在网上聊天。	

（四）重构：协助来访者改写故事，提升自我效能

用新的、更好的故事代替原来的被问题充斥的支配性故事，提升叙事者自我效能，降低问题的影响力，或重新建构问题，从而免受问题的困扰（见表 4.6）。

表4.6　谈话内容之四

谈话内容	技术及分析
师：想想看，你有多少种可以应对不好的事件和情绪的方法呢？ 倩：世界那么大，我可以像三毛那样去看看，当然要等我长大后。没有长大之前，我就在县城和老家看看吧；我可以继续写散文、诗歌，像李清照那样用文字表达悲伤、哀愁等情绪，表达了就舒服了。等我在文学上的积淀多一些，我还可以将经历过的一些事以小说的方式写出来。这样看来，我还是要好好学习，考上好的高中，以后去考个好的大学，比如，文学院什么的。 师：（摘要简述）很不错的行动路径哦。如果要给这样的自己取个名字，会是什么呢？ 倩：呵呵，一个想要去看世界的小才女！ 师：（点头）给我讲讲这个小才女具体是什么样的呢？会做一些什么事呢？ 倩：她会在学习之余在宿舍继续看书，会在月假假期时回老家看风景，会在夜晚有空时写写日记、随笔。她会越来越有气质哦。对了，这样也可以不去理那些说自己的人。	新的问题视角出现，问题影响力减少，应对问题的能力提升 支线性故事中发展出新的主线故事 通过新故事命名，重构了新的角色认知、行为路径

支线故事丰富——那个想去看看世界的小才女

小学六年级，那时考虑事情不周全，发生了那样的事，又没有人可以说，担心、害怕，在当时做出那样的决定也是可以理解的，她很心疼那个时候的自己，她要原谅她，想抱抱她。

她有很多爱好支持她走过以往的岁月，也会陪伴她以后的人生。她喜欢看书，她的父母会给她买，她也可以在网上买，还可以跟同学借，上初中后学校图书馆也有书可供阅读。

她欣赏李清照、三毛，李清照可以用优美的文字表达不同时期的情绪，三毛可以在各地行走并用文字表达所见。她还喜欢写日记、随笔、小说。

她可以不去理那些说自己闲话的人。她想好好学习，上大学。

世界那么大，她可以像三毛那样去看看，当然要等她长大后。没有长大之前，她就在县城和老家看看；她可以继续写散文、诗歌，像李清照那样用文字表达悲伤、哀愁等情绪，表达了就舒服了。等她在文学上的积淀多一些，她还可以将经历过的一些事以小说的方式写出来。她要好好学习，考上好的高中，以后去考个好的大学。她会越来越有气质。这样，她可以不去理那些说自己的人。

她有支持她的人，语文老师、妈妈、网友，她可以将自己的新故事说给他们听。

（五）强化：引导当事人以仪式强化新的故事，建构新的行为

强化叙事者对新的自我的认同与接纳，鼓励叙事者与身边的重要他人分享自己的新感受、新故事，通过重要他人的见证，不断强化已有的改变和成长（见表 4.7）。

表4.7　谈话内容之五

谈话内容	具体技术
师：看到这个看世界的小才女的故事，你有何感觉呢？	
倩:（流泪）老师，我觉得我其实没有那么孤独，妈妈、老师还是很关心我的。虽然遭遇了那件事，但我也不是之前自己以为的那个坏女孩。我不是一无是处，我还有爱好、兴趣、理想。	告别过去
师：我好奇的是，这个看世界的小才女的故事，你愿意跟谁分享？	认同、接纳新的自我
倩：我已经分享给你啦。	
师：谢谢你，让我听到这么有意思的故事！跟我分享的感觉如何？	
倩：我也开心哦，感觉好神奇哦，这样聊后，我居然不那么难过了！我觉得自己有更重要的事、自己也喜欢的事要做，我想好好学习，去大学看看，去外面看看。	邀请新故事重要的聆听者、见证人，强化已有的改变和成长
师：走出这间屋子，你还会与谁分享呢？	
倩：网友吧。还有语文老师、我妈。对了，我还可以用穿越到李清照那个时候的方式，跟她对话，或者给她写封信。或者，我可以给自己写封信。	
师：你会怎么跟他们说呢？或者对自己说？	
倩：（概述新的故事）	仪式

三、效果评估

叙事者视角：问题描述阶段小倩说“最近宿舍的人总是嘀嘀咕咕说我，看我的眼神很怪，有时候还嘲笑我，平时也不理我；我上课完全没有办法集中注意力，老是走神，学习成绩一路下滑，好多科都不及格，老师也不想管我；我睡不好觉，好不容易睡着了，就做噩梦，梦里也有人笑我；我也觉得自己一无是处。感觉很难受，又不知道该怎么办”。故事重构中小倩说“我觉得我其实没有那么孤独，妈妈、老师还是很关心我的。虽然遭遇了那件事，但我也不是之前自己以为的那个坏女孩。我不是一无是处，我还有爱好、兴趣、理想”。两段话形成鲜明对比，由此可以看到此次咨询的效果。咨询快结束时，小倩反馈说“我也开心哦，感觉好神奇哦，这样聊后，我居然不那么难过了！我觉得自己有更重要的事、自己也喜欢的事要做，我想好好学习，去大学看看，去外面看看”，也说明了此次咨询的有效性。

咨询师视角：小倩走进来时小心翼翼，精神不佳，离开房间时面带微笑、神采奕奕。

四、辅导启示

叙事干预以“来访者”为中心干预价值取向，“资源 / 优势”干预视角很适合遭遇生命困境的留守儿童。叙事干预不纠缠已经发生的问题及问题的背景（因为很多背景短时间无

法改变，已经发生的事无法抹掉），而是协助来访者换个视角看问题，找到不受问题控制的力量，重塑生命故事，从而解决成长中遇到的心理困惑。在干预过程中，咨询师一直贴着来访者往前走，耐心等待问题背后的问题浮出水面，等待支线故事中的情节出现，等待新的生命故事呈现，因其耐心，所以给予了来访者足够的空间在叙事中发现自己的资源、优势和能力，增强自我的效能感、掌控感及行动力。这些特质和能力不仅能化解来访者之前的问题，还能化解他们在今后生活中遇到的困境，促进他们积极成长。

叙事干预不像认知行为疗法、精神分析等心理干预方法那样专业、神秘，也不像沙盘游戏、艺术治疗等需要专门的工具，因而也非常适合中小学教师、社会工作者。

需要注意的是，以语言为工具的叙事干预有一定的选择性。语言对干预过程有非常重要的影响，叙事干预对干预者和来访者的语言表达能力和领悟力要求较高，非常适合语言能力较强的干预者和来访者，不适合语言能力较弱的干预者及来访者。

高县落润中心校留守学生叙事干预

带领者：李昱璇，女，新疆昌吉人，中共党员，宜宾学院2014级应用心理学专业毕业生，电子科技大学硕士在读；曾担任校学生会主席、宜宾市学联主席，入选四川省优秀青年马克思主义者培养工程第一届大学生班并获得“优秀学员”称号，入选全国高校学生马克思主义学习夏令营担任班长并获“优秀学员称号”；第三代留守儿童关爱志愿者团队核心成员，教育部课题《西南农村留守家庭心理支持体系研究》参研，省级大学生创新训练项目《西部农村留守儿童关爱志愿者心理健康状况及服务需求研究》负责人。

寄语留守：心中种下梦想，眼神融满坚定，脸庞写着奋进，脚下有路通向远方。

本章引文注释及参考文献

[1] 刘雅丽 . 叙事心理治疗理论研究述评 [J]. 湘潮 (下半月)，2013(1):130，132.

[2] 罗钧恒 . 叙事心理治疗方法论探析 [D]. 长沙：湖南师范大学，2010.

[3] 王淑华，戴玉磊 . 叙事心理治疗法的理论建构 [J]. 通化师范学院学报，2009，30(1):71–73.

[4] 施铁如 . 心理咨询与治疗中的叙事方法 [C] //. 中国心理卫生协会青少年心理卫生专业委员会 . 中国心理卫生协会青少年心理卫生专业委员会第八届全国学术会议论文集 . 中国心理卫生协会青少年心理卫生专业委员会 : 中国心理卫生协会，2002.

[5] 潘莉莉 . 故事的治愈力量——论叙事疗法在高中生心理辅导中的运用 [J]. 中小学心理健康教育， 2014(6):27–29.

[6] 杨世欣 . 叙事疗法 : 话语下绽放的叙事自我 [J]. 漳州师范学院学报 (哲学社会科学版)，2013，27(4):134–137.

[7] 郑晓芳，崔酣 . 叙事疗法与人本—存在疗法的元理论比较 [J]. 赣南师范学院学报，2009，30(4):82–85.

[8] 唐水玲，张茜 . 叙事疗法在中小学心理健康教育中的应用 [J]. 中小学心理健康教育，2012(22):7–9.

[9] 许晓霞 . 叙事疗法在中职学校心理辅导工作中的探析及应用 [J]; 新课程 (中旬);2013(3):132–133.

[10] 李明 . 从叙事疗法到叙事实践——兼论后现代心理学的批判与重建 [J]. 叙事医学，2020，3(3):156–157， 172.

[11] 石丽媛 . 叙事疗法在社交障碍中的应用 [J]. 河北教育 (德育版)， 2014(5):32.

[12] 郭绵玲，应湘 . 从叙事疗法中探索后现代心理咨询的发展趋势 [J]. 鸡西大学学报，2013(9):147–148.

[13] 辛帅 . 被放逐在边缘的孩子——一位农村留守儿童的叙事研究 [J]. 教育观察，2019，8(42): 81–83.

[14] 肖志芳 . 叙事治疗在农村留守儿童偏差行为矫正中的应用研究 [D]. 吉安：井冈山大学，2020.

[15] 杜露 . 叙事治疗模式介入农村留守儿童厌学情绪的个案研究 [D]. 武汉：中南民族大学，2016.

[16] 张鑫芳 . 农村寄宿制学校留守儿童教师关爱叙事研究 [D]. 临汾：山西师范大学，2018.

[17] 任运昌 .“绝大部分孩子是草”——基于留守儿童教育叙事研究的判断与讨论 [J]. 教育观察，2012，1(1):17–20.

[18] 肖祎，尹凤莉 . 农村留守儿童书面叙事中的情感投射方式——以万州区农村留守儿童为例 [J]. 重庆三峡学院学报， 2018， 34(4): 114–120.

[19] 何海霞，易连云 . 一个“幸运”留守儿童的成长历程——关于留守儿童教育问题的叙事研究 [J]. 教育科学研究， 2010， 179(2): 41–44.

[20] 宗黎明 . 留守儿童英语学习自我效能感的叙事研究 [D]. 沈阳：沈阳师范大学， 2015.

[21] 宫远超 . 农村留守儿童孤独感的叙事疗法介入 [D]. 长春：吉林大学， 2020.

[22] 黄荣晓，邱鸿亮 . 留守儿童成长机制的三维建构——基于粤西农村 C 初中留守儿童案例的叙事研究 [J]. 华南师范大学学报 (社会科学版)， 2018， 234(4): 76–84， 190.

[23] 李伟 . 一个留守儿童品德发展的叙事研究 [D]. 西南大学， 2011.

[24] 李丹，林贻亮 . 农村留守儿童抗逆力养成机制的解构及启示——基于 CHKS 理论的个案叙事分析 [J]. 武汉理工大学学报 (社会科学版)， 2019， 32(4): 43–52.

[25] 任守云 . 小小的“我”: 一位留守儿童日记中的自我叙事 [J]. 中国农业大学学报 (社会科学版)， 2009， 26(4): 172–176.

[26] 赵兆 . 叙事治疗信件在青少年学习困难个案中的应用 [J]. 医学与哲学， 2015，36(6B): 74–77.

[27] 尚发超 . 叙事家庭治疗在城镇留守儿童厌学问题中的应用研究 [D]. 吉安：井冈山大学，2017.

[28] 杨旭东 . 一个隔代抚养的农村留守儿童家庭教育的叙事研究 [D]. 重庆：西南大学， 2013.

[29] 朱帅，吴淼 . 有关留守儿童学习动力困境的叙事研究 [J]. 青年与社会， 2019，729(2): 204–205.

[30] 叶悦 . 西部农村地区顶岗实习教师与留守儿童的互动故事带来的教师教育思考——以叙事探究的角度 [J]. 广西教育学院学报， 2018， 155(3): 53–58.

[31] 李玉杰 . 论乡村留守儿童电影苦难叙事与温情叙事中的问题 [J]. 当代电影， 2013，210(9): 169–172.

[32] 程紫煜 . 谁来倾听，留守儿童祖父母的心路历程叙事分析 [D]. 沈阳：沈阳师范大学，2018.

[33] 徐礼平 . 一个农村留守儿童良好社会适应性发展的叙事研究 [J]. 中小学心理健康教育，2013， 228(13): 36–38.

[34] 伍思翰，李萍 . 团体辅导的研究与发展 [J]. 中外交流，2016(21):25–25.

[35] 吕广健 . 团体心理辅导对初中生学校社区感影响及管理对策研究 [D]. 金华 : 浙江师范大学，2010.

[36] 苟雅宏 . 社会支持基本理论研究概述 [J]. 学理论，2009(12):74–75.

[37] Dennis Saleebey. 优势视角 : 社会工作实践的新模式 [M]. 李亚文，杜立婕，译 . 上海 : 华东理工大学出版社，2015.

[38] 赵欣 . 论查尔斯・霍顿・库利的传播思想 [D]. 兰州：兰州大学，2010.

[39] 丹・ 麦克亚当斯 . 我们赖以生存的故事 [M]. 隋真，译 . 机械工业出版社，2019.

[40] 迈克尔・怀特著 . 叙事疗法实践地图 [M]. 李明，曹兴娥，党静雯，译 . 重庆大学出版社，2019.

第五章　焦点解决短程心理干预在留守儿童中的运用

问题不是问题，怎么应对才是问题。

应对问题不是目标，促进发展才是目标。

焦点解决的太极思维图

※ 互动体验

案例 1：

小明，男，13 岁，父母外出打工。他在学校打架滋事，问题不断。他的父母在外出打工期间离婚，互不往来，只有在他出事时，父母双方才会一同来到学校。

您认为：

该生是个问题学生。

该生是个懂事的孩子。

案例 2：

小辉，男，17 岁，父母外出务工。小辉在老家县城上高中一年级。父亲常去打麻将，输的时候较多，父母因为这个事情经常吵架。小辉经常指责批评父亲，但无效，父子关系紧张。小辉曾留级，目前对学习特别看重，经常熬夜到凌晨。最近月考成绩不理想，也用利器在自己左手手掌划了一条口。小辉有个弟弟和父母生活在一起，上小学四年级，但学习成绩不好。小辉一直说弟弟怎么怎么不好，还动手打弟弟，弟弟越来越不听他的话，过年在一起都不怎么说话。

您会怎么和这个孩子谈话？

宜宾市教育和体育局“双益工程”班主任焦点解决干预专项培训

项目负责人：朱世凯，男，宜宾市教育和体育局副局长，2016 年启动宜宾市教育心理扶贫重点项目“双益工程”，至今已持续 5 年，该项目为宜宾市培养心理健康教育工作者近 1 000 人，服务众多留守、贫困儿童，成果被教育部官网做专题报道，在 2019 年四川省教育扶贫现场会展示。

※ 导入 初体验

一、答一答

就你最近遭遇的同一个困难或遇到的困扰，回答下列两种提问。

A 问句：

1. 你最近遇到的一个问题是什么？
2. 遇到这个问题，你的感觉与想法是什么？
3. 这个问题持续了多久？对你造成了什么样的影响？
4. 你认为这个问题为何会发生？是谁造成的？
5. 你曾用哪些方法来处理这个问题，为什么这些方法没有效果？
6. 因为处理失败，你的感觉与想法是什么？这对你又造成了什么影响？
7. 你觉得目前是什么阻碍了你突破困境？
8. 接下来你想怎么做？

B 问句：

1. 你最近遇到的一个问题是什么？
2. 你希望问题解决后最美好的结局是什么样的？如果发生了，你的状况有什么不同？
3. 这个问题何时没有发生（或比较不严重）？何以能如此？
4. 当你面临这个困境时，是什么力量让你支撑与面对？
5. 若询问你的好朋友，他们对你面临的这个困境会给你什么样的建议？
6. 你觉得你需要什么资源来帮助你处理这个困境？你将如何找到这些资源？
7. 若你想要的结果是 10 分，你目前有几分？具有前述资源后，可达到几分？
8. 你觉得你需要跨出的第一小步是什么？

二、想一想

两种句式带给你的感受是什么？

A____

B____

两种句式的区别是什么？

____

找有问题的学生谈话时，你常用的句式是哪一种？效果如何？

____

A 问句为聚焦问题成因的问句，B 问句为聚焦“问题解决”的焦点解决短程心理干预问句。

本章导读：

本章内容共分三节。

第一节是知识链接——焦点解决短程心理干预概述，内容分为三部分：一是焦点解决短程心理干预的概念、来源、基本理念、主要技术、基本程序、注意事项；二是相关研究的趋势、主要内容及不足；三是本项目简述。

第二节是实务链接 1——团体焦点解决短程心理干预运用，以典型案例的方式，介绍团体焦点解决短程心理干预方案及效果，为读者开展团体焦点解决短程心理干预提供借鉴和参考。

第三节是实务链接 2——焦点解决短程心理干预运用于个别辅导，以典型案例的方式，介绍个别焦点解决短程心理干预过程及效果，为读者开展个别焦点解决短程心理干预提供借鉴和参考。

“双益工程”基地校筠连中学班主任焦点短程解决专项技能培训

※ 知识链接

第一节 焦点解决短程心理干预概述

研究农村留守儿童问题的最终目标是解决问题，促进留守儿童积极发展。留守现象的产生与中国转型发展、城乡二元制有关，留守儿童各类问题的产生与政府福利政策尚不完善、父母及监护人教养不力、社区及学校资源不足等多种因素有关，这些问题的解决是一个长期而系统的工程，涉及因素较多，无法在短时间全部解决。在根本问题没有解决之前，一直纠缠于问题的原因会让留守儿童及其教师、家长、工作人员产生无力感，有可能产生新的问题。留守儿童不仅存在各种问题，更拥有应对问题的资源和优势，如果一直纠缠于留守儿童存在的问题本身，不仅不利于问题的解决，还可能导致污名化留守儿童。如何在现实困境中找到一种对留守儿童心理问题更正向、更有效的解决方法？焦点解决短程心理干预是一种较为合适的方法。

一、什么是焦点解决短程心理干预

（一）焦点解决短程心理干预的概念及来源

焦点解决短程心理干预是指以来访者为中心，聚焦来访者的正向目标，以提问为载体，挖掘来访者优势与资源，使其朝向预期目标发生变化的短期心理干预过程。焦点解决短程心理干预的重点在于找出当事人的资源与成功经验，协助当事人找寻已经使用的或正在使用的有效方法，引导当事人发挥自己的优点与能力，邀请当事人展现自身已有的成就，鼓励并塑造当事人积极的自我预言，从而创造改变的可能性。[1] 焦点解决短程心理干预来源于焦点解决短程治疗，在理念、技术、流程上与焦点解决短期治疗一样。

本书采用焦点解决短程心理干预这个概念，是想强调心理困扰的及时解决、心理疾病的预防及无心理疾病时的积极发展，而非心理治疗。

（二）焦点解决短程心理治疗的产生及发展

焦点解决短程心理治疗（Solution-Focused Brief Therapy，SFBT）是从短期家族治疗中心发展出来的以寻找解决问题的方法为核心的短程心理治疗技术。SFBT 兴起于 20 世纪 80 年代，由美国心理学家史蒂夫·夏德和茵素·金·伯格夫妇及有多元训练背景（心理、社工、教育、哲学、医学等）的工作小组成员创立。[2] 他们用多年的时间观察治疗过程，仔细记录来访者的行为、问题和情绪，并最终引导他们概括和完成最终可行的解决方案，甄选其中有效的技术，建构了系统完整的焦点解决短程心理治疗技术。初期 SFBT 主要用于家族治疗，后来拓展到很多领域，不仅用于治疗心理疾病，也用于各类心理困扰的解决。SFBT 于 20 世纪 80 年代传入中国香港，主要应用于婚恋家庭咨询，1996 年后传入中国台湾后，拓展到心理咨询领域、教育领域、精神健康和健康护理。[3] 其中，教育领域成为重要的研究与运用领域。各项研究显示，SFBT 对内部心理问题的治疗效果最好。SFBT 的实用性、乐观的方法论适合中国文化，帮助了大量有心理健康困扰的人。[4] 2008 年，SFBT 在大陆大量应用于教育领域，应用范围包括大、中、小学，运用方式包括团体心理辅导、就业指导及个案辅导。

（三）焦点解决短程心理干预的类型

从干预对象人数来看，焦点解决短程心理干预可分为针对集体开展的干预和针对个体开展的干预[5-6]；从干预目的来看，焦点解决短程心理干预可分为治疗性干预、预防性干预和发展性干预三种。治疗性焦点解决短程心理干预是指以治疗心理创伤或心理障碍为主要目的的干预[7]，预防性焦点解决短程心理干预指以预防各类心理问题产生为主要目的的干预[8]，发展性焦点解决短程心理干预指以促进个体或群体积极发展为主要目的的干预[9]。在实际的干预中，三类干预会有交叉融合。此外，焦点干预也可以与其他心理干预技术整合运用，如绘画干预、催眠干预、叙事干预等。

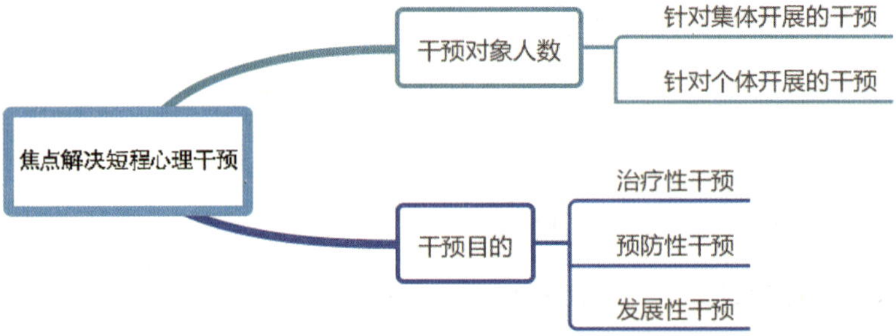

焦点解决短程心理干预的类型

（四）焦点解决短程心理干预的十大基本理念

焦点解决短程心理干预注重从积极面去了解当事人的问题，重视当事人原本具有的天分、能力、期待，重视当事人所欲的未来、目标，而非问题的症状及根源，具体体现在十个方面：

（1）聚焦解决。关注问题的解决之道，而非问题本身及其根源，从积极面去了解个体的问题。

（2）关注未来。关注当事人所期待和想要的未来愿望，而非过去的问题或现在的冲突。

（3）关注所欲。帮助当事人发现、发展出其他可能性的想要什么的选择。

（4）绕过问题。不必遵循“发现问题—分析问题—解决问题”的路径。

（5）激励有效行为。特别注重目前有效行为的出现，这是改变的可能性和重要机会。

（6）重视例外行为。问题不会总是一直在发生，总有问题应出现却没有出现的例外。

（7）当事人是专家。重视当事人原本具有的天分与能力，解决方法已存在于当事人身上。

（8）邀请对话。通过各种对话技巧，建立信任关系，邀请当事人自身建构解决之道。

（9）催化一小步。引导当事人发现一小步的小改变会导致大改善的出现，落地一小步行为。

（10）巩固行为。协助当事人不断找到动力与资源，从而巩固解决问题的具体行为。

焦点解决短程心理干预的十大基本理念

※ 案例重温

小明，男，13 岁，父母外出打工。小明在学校打架滋事，问题不断。小明的父母在外出打工期间离婚，互不往来，只有在小明出事时，父母双方才会一同来到学校。

小明表面的行为是“打架滋事，问题不断”，而该行为的原因是父母在外出打工期间离婚，互不往来，只有在小明出事时，父母双方才会一同来到学校。因此，问题行为的背后有一个正向期待：见到爸爸妈妈。

我们无法解决小明爸爸妈妈离婚的事情，但是可以看到小明问题行为背后的正向期待。当孩子的正向期待被看到、被尊重、被欣赏时，后续的会谈就会很容易进行。

同样，我们无法短时间改变小明爸爸妈妈与小明的亲子关系，但是可以和小明探讨爸爸妈妈不在身边的日子他是怎么过来的，哪些人支持了他，从而发掘他的资源和力量。

（五）焦点解决短程心理干预的三大基本技术

焦点解决短程心理干预包括提问与催化、倾听与理解、回应与重构三大基本技术。这三大技术是一个闭合的流程。干预者通过环环紧扣的提问，催化当事人重新思考问题、资源及优势，当事人回答时，干预者通过倾听、理解当事人的在意、资源、经验，然后及时回应当事人，重新建构问题及问题解决之道。

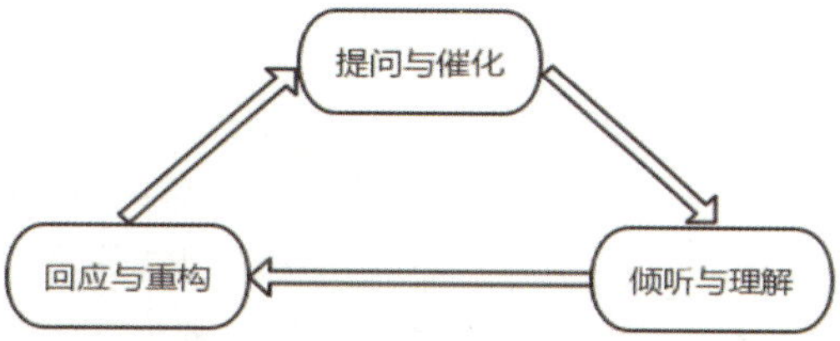

焦点解决短程心理干预的三大基本技术

1. 提问与催化

提问是焦点解决短程心理干预最核心的技术，是干预者有效帮助当事人建构问题解决之道的重要方法。干预者通过提问了解当事人关于问题的描述、对未来的期待、已有的资源和优势、能够开展的具体行动，催化当事人确定目标，激活资源，开展行动，最终走出心理困境。

焦点解决短期治疗的创始人整理了十大代表性问句[10]：

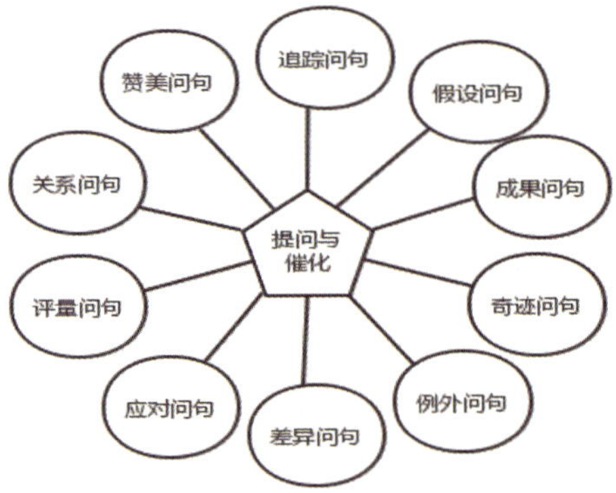

焦点解决短期治疗的十大代表性问句

（1）成果问句。用于了解当事人来访动机、目的的问句，其作用是引导会谈朝向当事人的问题解决的正向方向，具体化当事人的所欲。例如，你觉得我们讨论什么主题对你是最重要的？你希望我如何可以对你有所帮助？你获得了什么才会觉得来到这里是有价值的？

（2）奇迹问句。用于了解当事人希望的未来（目标）的问句，其作用是引导当事人想象问题解决时可能出现的美好愿景、细节及正向影响，带领当事人思考怎样从目前的处境向美好的愿景靠近一步。例如，在你睡觉时有一个奇迹发生了，你带来的问题都解决了。第二天起来，你会注意到什么，便知道奇迹已发生了？你的生活会有何不同？

（3）假设问句。以假设性语句促进当事人对达成愿景可能出现的想法、行为、场景的想象，其作用是构建解决问题的可能性。例如，当问题已经解决时，你如何可以得知？如果我是你家的 ××，而你已经改变，我会看到你在做什么？谁对你的这个改变会最惊讶？谁最不惊讶？为什么？当事情有所改善的时候，你的生活会有何不同？你第一个注意到的信号是什么？

（4）例外问句。例外指问题不发生、不严重时，来访者所做的正向努力或减少负性行为的成功经验。其作用是引出当事人已经拥有的资源，为解决问题储备信心及能量。例如，过去什么时候，你可以像你期待的那样？那是怎么发生的？那时的你做了什么？你认为你应该继续做什么，才能让这美好的事继续发生？你是如何做到的？

（5）差异问句。邀请当事人思考当前的现状与例外经验、未来的美好愿望之间不同的细节、线索，从而带出希望感，使当事人明确可以立即行动的具体目标或策略。例如，你做了什么 ×× 会对你好一些？在你能 ×× 的时候，会与现在有什么不一样？你是怎么发现这样的差异的？

（6）应对问句。询问当事人以前应对问题的小细节，把当事人认为理所当然的行为、态度、情绪、观念解读为积极能量，让当事人觉察并确认自己拥有持续承受、对抗困境的优势和力量，减少困境带来的挫败感。例如，在你如此讨厌上学的情况下，你还能按时上学，你是怎么做到的？父母外出，爷爷奶奶年老，你一个人是如何过来的？你做了什么让事情没有变得更糟？

（7）评量问句。以 1 ～ 10 分，将愿景或正向目标实现定为 10 分，反向为 1 分。询问当事人目前境况的具体分数，帮助当事人觉察、理解、接纳现状，并探讨推进一小步的行动。例如，10 分表示你想要的理想样态，1 分表示与理想场景完全相反的样态，你目前有几分？何以是这个分数？若再进 1 分，会与现在有什么不同？你觉得需要什么才能够再进 1 分？

（8）关系问句。探问他人对当事人或者特定事物的观点、期待以及肯定和鼓励，找出当事人的重要他人、场景、事物，并将其运用于当事人的互动脉络，激活当事人的现实感、外在资源。例如，过去生活中谁是曾经帮助你度过低潮的？现在谁最能帮助你？谁会注意到你的改变？他会说什么？当你的 ×× 改变了，你又会有什么不同？

（9）赞美问句。针对当事人在回答过程中逐渐表达出来的自己的能力、应对策略，给予及时、自觉与善意的赞美，促使当事人对成功的方法更加意识化、清晰化，提升自我价值。也可以间接赞美，或者振奋性引导，使当事人自我赞美。例如，你怎么能够在同学讥笑你时，还是很冷静地、客观地讨论？你是怎么做到的？这个优势何时具有的？谁会发现你具有了这个优势？他会有什么感觉？会怎么对你说？他对你这么说的时候，你会有什么感受？你又会怎么对他说？你是如何能为他做到这些的？

（10）追踪问句。沿着当事人找到的愿意尝试的方向追问具体执行的行动细节，或引导当事人将谈话所得持续运用到生活中，强化当事人的行动执行力与落实性，促使当事人自我赋能。例如，你希望什么样的改变继续发生？你预期自己会如何提醒自己继续保持下去？如果别人看到什么，就知道你的改变是持续的？如果你的改变能够持续，对你的生活会有什么影响？看到什么就知道自己又前进了一小步？其他人又如何知道？你还做到了什么？还有呢？

在沟通过程中，各类典型问句可以单独提出，也可以弹性组合。无论是哪个问题，都需要从当事人最后或较早的回答内容中形成与选择下一个问句，环环相扣，句句连接，聚焦解决，使当事人发掘到自己想要的目标，意识到自己的资源与优势，直至愿意尝试做出小步改变，最终实现问题解决。

2. 倾听与理解

干预者倾听的重点在于听到当事人不同向度的资源、例外、期待、愿景等内容。这些内容可以帮助当事人觉察、强化资源，从而扩大正向知觉，细节化操作步骤。

同时，干预者在倾听时要理解当事人，贴着当事人的态度进入当事人的主观世界，深入了解当事人的感受、在意、期待。干预者不需要完全赞同当事人的观念、行为与价值取向，只需要表达对当事人的理解、尊重、信任与在意，就能促使谈话有效推进。干预者倾听时要特别注重当事人的语言及语言背后的感受、期待，同时注意当事人的无声语言，做到全息倾听。[11]

干预者要有一双发现人性美的眼睛、积极正向的思维，能欣赏当事人问题背后呈现的对美好生活的渴望，看到当事人面对问题的优势及资源，相信当事人改变的力量。

3. 回应与重构

回应不仅表达听到了，更要表达听懂了，重点是协助当事人厘清问题背后的期待、已有的资源优势、各种新策略运用的可能性，协助当事人统整信息，简化、澄清、反馈本质，从而产生新的看法、新的感受及新的行为，催化问题解决。

回应包括一般性回应和明确性回应两种形式。一般性回应指干预者就来当事人的发言给予的、没有明确的说话内容的回应。如："嗯""好"的有声语言及点头、目光关注等无声语言。明确性回应指干预者紧接着当事人所说的内容发言。

明确性回应最常见的方法有四类：摘要、简述语意（见表 5.1）、一般化和重新建构。

表5.1　摘要与简述语意

	摘要	简述语意
含义	谈话进行一段时间后，干预者将谈话要点整理及归纳，加以表达	重复当事人表达话语中的重点
使用时机	概括全文	段落释义
要点	1. 去掉无意义信息，保留重要信息 2. 以当事人的关键词与感受为基础，而非以干预者的语言来诠释当事人的故事	
功能	1. 向当事人表明你在倾听，建立良好关系 2. 协助当事人统整信息，简化、澄清、反馈本质 3. 协助当事人产生新的看法，设定谈话目标 4. 协助转换谈话阶段、方向、主题	

一般化：通过干预者的表达让当事人感受到其所处困境及其反应是多数人都会发生的，从而帮助当事人"去病理化"。例如，"你的感受在当下是正常的，很多人都和你一样"。

重新建构：干预者用另一个新的正向语言与观点来重新看待与诠释同一个问题，从而协助当事人接纳负面影响，凸显正面意义。

干预者在重新建构时要注意以下几点：对于需要保留的内容，尽可能保留当事人的原话；尊重当事人的感受与看法，不能完全改变当事人的原表述；修改或加入的部分要让当事人接受并符合社会规范。

重新建构的常用句式如表 5.2 所示。

表5.2　重新建构的常用句式

要点	表达句式	实例
看到负面情况背后的优势、积极面等	虽然……但是……	虽然你目前的成绩不理想，但是我看到你有一个目标，并愿意为之努力

续　表

要点	表达句式	实例
强调当事人的愿景、目标	我不确定……但我肯定……	我不确定小 A 是否能变成你期待的样子，但我肯定你很在乎你们的友谊
通过表述更糟糕的可能情况，帮助当事人接纳当前处境	至少、起码……而不是……	至少你的孩子愿意跟你倾诉她遭遇的烦恼，而不是拒绝沟通或乱发脾气
发现当事人真正在乎之处	从……中，我能感受到……	从你对父亲拿你和别人比较这件事的愤怒中，我能感受到你强烈地期待着他能看到你的努力与长处
相信当事人“某些不当行为”背后有“重要理由”	原来……其实是……	原来你不和父亲沟通其实是你防止自己与其争吵的手段

在回应中，基于事实的赞美会赋能当事人，也能促成良好干预关系的形成。干预者需要保持专注，及时捕捉当事人面对困境所做的努力、语言中的在意，并将这些具体的做法及在意赋予当事人认同的积极意义及价值，及时、充分给予其肯定性回应。

（六）焦点解决短程心理干预的三大架构

1. 从问题到目标

焦点解决短程心理干预重视从当事人的问题中建构出当事人希望的、期待的问题解决后的目标，而非聚焦问题本身。干预者需要询问当事人的需要，辨别当事人的谈话类型，从而确定具体目标。良好的目标需要具备以下特点：一是主体性，用当事人的语言描述，是当事人个人能力、意愿所及，对当事人具有吸引力，符合其价值观，被其认同；二是建设性，用“正向”语言叙述；三是情境性，具有人际互动情境、行为动态历程化的细节描述；四是真实性，符合当事人的生活脉络，存在于当事人生活的此时此地；五是具体化，具体可观察、清楚明确、能反映改变信号具体细化；六是行动力，由小步骤开始，可行且立即可以开始行动。

2. 从症状到例外及资源

例外即资源、优势，存在于问题未发生、没那么严重或发生较少时。焦点解决短程心理干预不在问题的症状上做过多讨论，在了解问题的基本呈现时间、表现后，干预者会引导当事人将视角转到问题没有出现、问题不那么严重、问题对自己影响不大的那些例外中，从而连接当事人自身应对问题的态度、能力、勇气、方法、策略等内在资源以及当事人周边的那些能支持当事人的人、事、物等外在资源。

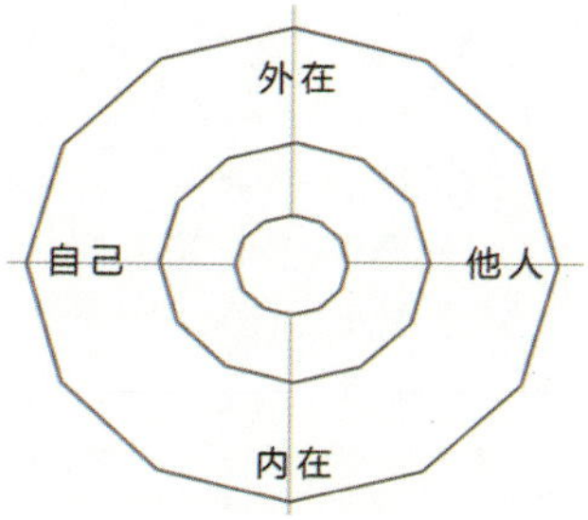

资源地图

3. 从纠正错误到催化一小步

焦点解决短程心理干预不过多分析问题，不主张空洞规划问题解决方法，更不去纠正错误，而是直接催化当事人新的非问题行动，重视当事人回归生活后立即开始的一小步。这一小步有助于当事人解决问题的行动，能提高当事人达成其目标的概率，带来希望感与滚雪球效应。一小步需要具备以下特点：一是当事人愿意尝试；二是有助于当事人目标的实现；三是当事人过去曾有过类似的事实基础；四是来自当事人真实生活场域，有明确时间线索和空间线索；五是具体、细微；六是有一定难度，但难度不大。

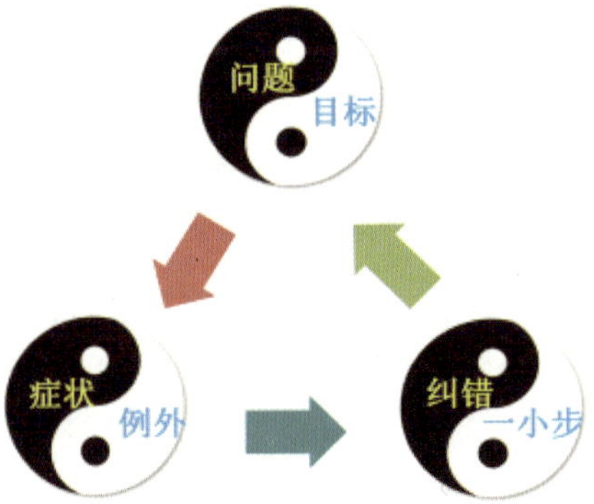

焦点解决短程心理干预的三大架构

（七）焦点解决短程心理干预的六步流程

立足三大转变，焦点解决短程心理干预首轮会谈有六步流程，见表 5.3。

表5.3　焦点解决短程心理干预首轮会谈流程

步骤	组成要素	具体做法	常见问句、语句
正向开场与问题对焦	正向开场；问题背景描述；了解问题与当事人的互动并对焦	简短开场让来访者放松，选择能表示理解与支持的话语加以回应，尊重来访者对困扰的主观诠释	你希望我如何帮忙？你最在意的是什么？发生了什么事，让你觉得困扰而又在意？频率？强度？之前已做了什么处理？谁注意到了？怎么说？
确认正向谈话目标	转向正向具体目标；兼顾当事人的主观想法与咨询目标	以未来为导向，与来访者探讨其想要的未来，从而形成来访者个人能力与意愿所及的目标	如果奇迹发生，你的问题解决了，那是一个什么样的场景？还有呢？发生了什么，你就知道问题已经解决？
深究当事人的例外	身边人的例外；自身例外的运用；相关人物的例外	鼓励来访者觉察、思考其已有的例外资源，使其更愿意也更容易执行应对问题的方法	有没有一些时候，这个问题没有发生（或不那么严重、对自己影响不大）？那时发生了什么（时间、地点、人物、场景、感受）？

续 表

步骤	组成要素	具体做法	常见问句、语句
发展其他可能性	探讨走出困境的假设情境；讨论策略运用的可能性；预演	探讨走出困境的场景化的假设情境；讨论各种假设性议题运用、介入策略的可能性	你打算什么时候开始这样的尝试？那是一个什么样的场景？如果你这样做了，会有什么不同？可能会遇到什么？
给予回馈与临床教育	赞美 桥梁 建议	统整当事人的资源及优势，给予正向回馈 施与临床教育	我听到……我了解到……我对……印象深刻，我欣赏……我建议
形成第一小步		同当事人探讨细化的改变步骤，预演行动的历程，激发行动的意愿	

六个步骤构成一个相对封闭的结构化流程：正向开场与问题对焦后，探讨当事人所欲的目标。目标确定后，要聚焦目标，深究当事人的例外，挖掘当事人的资源。当例外及资源挖掘出来后，要探讨开展行动前的各种假设、可能性。然后有可能重新回到深究当事人例外这个步骤，重复第二、三步。当例外和其他可能性探讨得差不多时，再给予回馈与临床教育，最后形成一小步。需要特别注意的是，流程的第三、四、五、六步都需要紧扣目标进行探讨。当然，在具体探讨中，目标也是可以修正并完善的。形成一小步后，如果当事人感觉问题已解决，就可以结束了。如果问题还没有解决，则预约第二次咨询。六个步骤之间的关系见下图。

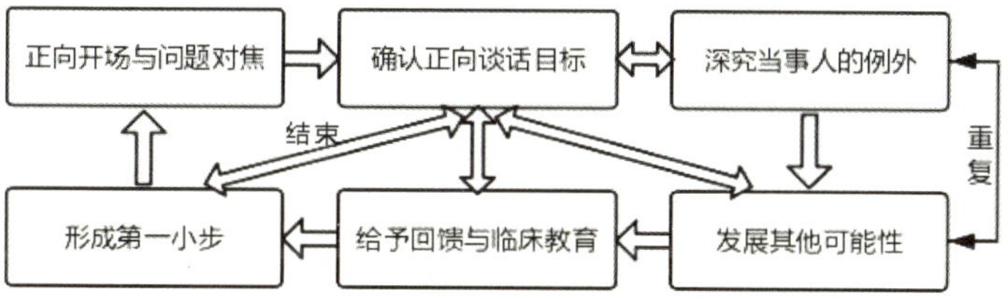

焦点解决短程心理干预首轮会谈流程

焦点解决短程心理干预后续会谈与首轮步骤相比，在六步流程中增加一个环节：探讨差异与改变。在正向开场与问题核对之后，干预者要同来访者探讨些微变化之处，从而协助其加强对改变历程的自我意识、自我监控及自我协助。

（八）使用焦点解决短程心理干预的注意事项

无论使用何种技术进行心理辅导，都是为了协助当事人解决面临的心理问题并促进其发展。为了获得更好的干预效果，在使用焦点解决短程心理干预时要注意以下几个方面。

1. 建立良好的沟通关系

在焦点解决短程心理干预时建立良好的沟通关系是干预成功的前提，从与当事人见面开始，干预者就要当事人保持真诚、尊重、共情与积极关注，让当事人感受到信任、温暖、安全、被理解和被支持，从而信任干预者。当当事人开始信任干预者，当事人才会敞开心胸把更多的个人信息传递出来，干预者才会通过提问、倾听及回应获得更多有效信息，特别是当事人所欲的目标、资源与宝贵的经验，在此基础上干预者才能和当事人讨论奇迹、例外、一小步。

2. 聚焦解决之道，以增强当事人自我效能感为主要目标

当事人常常会降低自我评价，为问题困扰，忽视自己的努力和取得的成绩。焦点解决短程心理干预的重点在于帮助当事人发现自身力量、资源、优势，让其切实感受到其有能力、有资源、有经验，从而增强自我效能感，有信心去解决问题，达到更好的生活状态。

3. 干预者的角色为助产士，要放下预设、分析与建议

在教育学生过程中教师往往容易犯好为人师的毛病，在咨询中部分咨询师也长于分析与建议，两者面对当事人叙述的问题，容易出现对问题的预设、评判、简单分析、随意解释、急于建议等现象。而在焦点解决短程心理干预中，干预者的角色是助产士，应放下所有的预设，用足够的耐心、好奇心认真倾听当事人的故事，催发当事人自己找到解决问题的办法，促成当事人自己行为的改变。

4. 干预过程需要足够的耐心，珍惜每一个小改变

焦点解决短程心理干预认为干预是一个系统，系统中某一部分的小改变会引起整个系统的大改变。当事人每一次小的成功都可能带来更大的改变。干预者要帮助当事人看到面对问题自己过去的努力，看到周边拥有的支持系统。如果当事人的努力被干预者看见，其自尊会得到满足，其能够产生积极情绪体验，催化具体行动。同样，干预者对当事人取得的小进步、小改变的肯定也会赋能当事人，增强当事人的希望感和执行力。

5. 语言在干预中作用重大，焦点解决短程心理干预不适合语言能力较弱的当事人

焦点解决短程心理干预以语言为工具，强调语言在干预过程中的作用。无论是目标的建议、来访者过去解决问题的方法和“例外”探讨，还是最后一小步的形成，都需要借助语言来达成。焦点解决短程心理干预的效果会受双方语言表达、理解制约，具有一定的局限性。

二、焦点解决短程治疗及干预研究概述

（一）研究总体情况

在中国知网以“焦点解决”和“心理健康”为主题共检索到相关文献 280 篇，近十年来研究总体呈逐渐增长趋势。其中，“焦点解决”仅有文献 52 篇，相对偏少。

在中国知网以“焦点解决”和“留守儿童”为主题进行检索，检索到相关文献仅 2 篇。从焦点解决视角出发对留守儿童进行研究有较大空间。

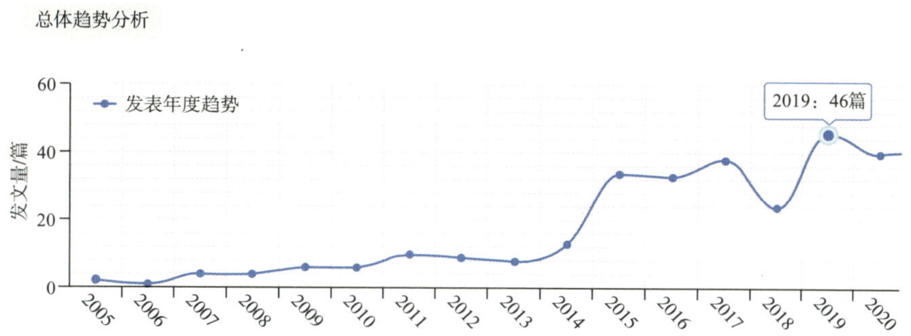

已有研究发表年度趋势

（二）主要研究内容

1. 焦点解决短程治疗的理论及述评研究

除了外国学者外，我国学者刘宣文、何伟强对焦点解决短期心理咨询原理与技术进行了述评[12]，高翔、戴艳、郑日昌对焦点解决短期治疗（SFBT）进行了简介及理论述评[2，13]。许维素对焦点解决进行了非常详细的介绍，发表了相关文章30余篇，包括焦点解决短期治疗的代表性问句、焦点解决晤谈中的积极倾听与形塑技巧、例外架构等，并出版了系列书籍介绍焦点解决短程心理治疗技术，是台湾焦点解决短期治疗领域最有影响力的专家。

2. 焦点解决短程治疗的运用研究

杜珍琳介绍了焦点解决短期治疗在国内的运用[4]，刘欣颖研究了SFBT在教育中的应用[14]，黄亮研究了SFBT理念、技术与职校生心理健康教育[15]，李倩倩研究了SFBT在儿童青少年群体中的应用[16]，李忠艳探讨了SFBT在高校的实用性[17]。梁明明、李晓敏等研究了焦点解决团体治疗的应用与展望。[18] SFBT在近20年来的发展中，已不仅仅局限在解决矛盾问题，而是广泛地运用于各种临床问题，如学生问题行为、青少年危机事件和创伤经验等。同时，SFBT也从个别治疗发展到团体治疗和专业督导，开始大量应用在学校教师的咨询训练方面。由此可见，SFBT虽然产生的历史不长，但是已经得到广泛运用。研究者也研究了焦点解决短程治疗的不足，比如，过度依赖来访者的语言能力及主动性。[19]

3. 焦点解决短程团体干预的效果研究

焦点解决的效果研究主要集中在不同学段学生的团体干预效果方面。

在以小学生为对象的相关研究中，刘敏的研究结果显示焦点解决取向团体辅导能够提高小学高年级学生负性情绪水平[20]；王妍的研究结果显示焦点解决团体辅导可以改善高年级小学生的学业情绪，且具有持续性效果[21]；贺杰的研究显示焦点解决团体辅导对小学四年级学生的成功动机和学习要求干预作用明显，对考试焦虑干预有一定效果。[22]

在以中学生为对象的相关研究中，王丹指出焦点解决取向的团体干预方案对提升中职生情绪调节能力效果显著[23]，周丹指出焦点解决团体辅导能够有效改善学业不良高中生课堂学业情绪，增加其积极情绪体验，减少消极情绪体验[24]，倪荣华指出焦点解决取向团体辅导受学生欢迎且对提高考试自我效能感的部分维度效果很大[25]，张洁指出高中生经过焦点解决取向团体辅导后，能改善不成熟的应对方式，形成成熟的应对方式，并将其应用到生活中[26]。崔彩清的研究显示焦点解决短期团体辅导有助于提升高二学生的友谊质量，同时对学生的成绩具有积极影响。[27]

在以大学生为对象的相关研究中，王贝蓓的研究显示焦点解决取向团体辅导的干预有效[28]，席明静的研究结果显示焦点解决取向团体心理辅导对大学生抑郁的治疗有效[29]，闫明、吴亚子指出焦点解决取向团体辅导能显著增强大学生的积极自我建构，提升其自我接纳水平，提高其自我满意度[30]。杨钰立等的研究结果显示焦点解决取向团体辅导能有效缓解大学生的学业拖延问题，帮助其提高学习效率[31]。

纵观对各个阶段的学生的相关研究中[20][32-34]，均可发现通过制订相关的焦点解决的团体辅导方案，对学生的情绪反应、自我效能感以及人际关系等方面均具有显著的效果，同时，研究者发现，焦点解决团体辅导对学生的影响具有较好的持续性。

4. 个别焦点解决短程治疗效果研究

研究者对个别焦点解决短程治疗效果研究较少，杨明伟、田怀金将焦点解决短期治疗模式用于高校个案社会工作中[35]，刘中媛从个案的角度研究了焦点治疗中评量问句情境效用[36]。

赵燕指出，SFBT 具有简洁高效的特点，能促进来访者增进对自己的反思和察觉，发现解决问题的资源，对自己的生活产生控制感和改变力，进而增强效能感。[37]傅红蕾的研究指出，在职校个别咨询中，焦点解决短程心理干预能较好地解决中职学校心理咨询任务繁重而时间有限的突出矛盾。[38]

5. 焦点解决短程治疗对留守及流动儿童的作用研究

已有研究中针对留守及流动儿童的焦点解决短程治疗研究极少，仅 2 篇文献。沈宏艳的研究显示焦点解决取向的团体心理辅导干预对留守经历大学生应对方式与人际和谐都有显著的改善。[39]王佳仪的研究结果显示焦点解决取向团体辅导能有效提高外来务工人员子女的心理韧性水平。[40]

（三）已有研究的不足及展望

由于技术产生的时间较短，SFBT 缺乏丰厚的心理学理论基础，技术基础仍缺乏深度。在国内，SFBT 模式才引进不久，关于焦点解决模式与学生相关的研究，尤其针对留守儿童这个特殊群体运用该模式进行心理辅导的研究较少。

三、我们的研究与服务

从 2016 年起，团队将焦点解决短程心理治疗技术迁移到心理健康教育领域，结合教育实际开展了相关研究，完善了该技术在教育领域的具体运用。

（一）开展了相关研究

当前学界对焦点解决短程治疗的研究不多，对焦点解决用于困境儿童青少年的研究更少。已有研究多为焦点解决短程治疗用于团体的效果研究。因而，我们重点开展了焦点解决短程个体干预的研究与实践。团队已立项了 3 个相关课题，通过研究保障项目运行。

（二）构建、实施焦点解决短程心理教育技术系统课程

项目依托宜宾市教育和体育局教育系统教育心理扶贫重点项目“双益工程”开展教师培训、班主任培训、留守学生团体心理辅导及个别辅导，至今已运行5年。

构建“益督导”课程，开展督导团队培训；构建“益导师”课程，开展导师团队培训；构建“益使者”课程，开展贫困区县班主任及志愿者培训；构建“益种子”课程，开展留守学生心理服务；构建家长焦点式亲子沟通课程，开展家庭教育专题培训。

（三）研究与服务受益面大

已开展培训920课时，培训班主任及教师860名、志愿者321人次。已开展团体心理辅导168场，服务留守、贫困儿童10 000人次以上。

1. 教师成长

通过专题培训，教师运用焦点解决技术帮扶留守学生的意识和能力提高，能运用焦点解决技术进行个案心理辅导，且取得良好的效果。培训提升了教师的心理健康水平，教师满意度很高。

焦点技术提升我的生命能量

我是珙县杉木树中学数学教师赖德莉，今年53岁。2017年3月，我因为脑动脉血管瘤做了开颅手术。两个月后，放不下喜爱的教学工作，我申请回学校工作。手术后我的身体很虚弱，学校也挺照顾，我只上了一个班的数学课。2018年11月，学校派我参加“双益工程”学习。到了学习地，发现考勤很严格，学习时间又很长，心里很担心自己不能坚持。但是三天下来，老师丰富的学识、体验式的教学方式、导师的鼓励、伙伴们的关心和支持让我忘记了自己是身体不太健康的人。我不但没有感到疲倦，而且很开心，教学理念也得到改变。知道要强调如何解决问题，而非发现问题原因，以正向的、朝向未来的、朝向目标的积极态度促使改变的发生。这些内容与方法确实与以前自己惯用的解决问题的理念、方法、技巧很不一样，新颖、有趣而又富有成效。今年3月，我又参加了第二次学习，没有落下任何课程。通过学习焦点技术，我学会把赞美用于生活，每天过得开开心心。同事们都觉得我变化大，说我满满的正能量，学校领导还请我培训新教师呢！我一直很喜欢学生，师生关系很好。但现在我用更好的方法，引导学生确定目标，寻找例外，鼓励他们一小步一小步地前进，教学效果更好。我觉得焦点技术提升了我的生命能量。

2. 学生成长

课题组对留守初中生团体心理辅导效果进行了分析。结果显示，经过团体心理辅导，留守初中生的自我效能、希望、乐观和积极心理资本得到了显著提升。

3. 社会影响大

焦点解决短程心理干预网络课程被华东师范大学、中央广播电视大学采用，自编书籍《建构解决之道——焦点解决案例汇编》被宜宾市教育和体育局教师培训项目采用。2019年4月，“双益工程”作为教育扶贫特色和亮点在四川省教育扶贫现场推进会上展示。团队

成员受邀参加中国第四届团体心理辅导及团体治疗学术年会、四川省应用心理学专委会年会、四川省教师发展专委会年会、宜宾市第二届班主任年会，分享“双益工程”理论及实践成果。

“双益工程”基地校珙县职业技术学校班主任焦点技术专项培训开班

※ 方案链接

第二节　团体焦点解决短程心理干预运用

学习能力提升焦点解决取向干预方案

一、焦点解决短程团体干预名称

“我的学习我做主”

二、焦点解决短程团体干预背景

课题组开展了《曾留守大学生心理资本研究》，结果显示：留守儿童健康成长的保护性因子中，来自自身的保护性因子排在前三位的是学业胜任力、良好的个性特征（独立、责任心、耐受力、善于独处、希望）、对留守经历的积极认知。可见，学业胜任力对留守儿童意义重大。现实中，由于缺乏来自父母的亲情呵护与家庭教育和监管，留守儿童可能存在自卑、羞怯、消极、孤僻等心理特点。占比为绝大多数的隔代教育对留守儿童的成长帮助大多存在局限。尤其在学业方面，留守儿童往往自觉性与纪律性不强，被动学习，成绩不够理想。本辅导方案采用了焦点解决短程心理干预的理念，坚信个体已经具备目标和方法，即使不是持续和完全的。希望通过五次活动，引导留守儿童觉察自我已具有的资源，强化对学习的信心，学会复刻以往有效的学习资源帮助当下和未来的自我成长。

三、焦点解决短程团体干预目标

通过开展一系列活动，释放留守儿童的潜在内心，提高其学习成绩及心理健康水平。

四、焦点解决短程团体干预带领者、督导者

带领者：何传亮，应用心理学专业，接受过《团体心理辅导理论与实务》专业课程学习及实务训练，接受过焦点解决短程心理干预技能训练，担任宜宾市教育和体育局教育心理扶贫重点项目“双益工程”导师助理 1 年。

督导师：何奎莲，应用心理学教授，心理咨询师，心理督导师。

五、焦点解决短程团体干预对象

留守学生 20 人。

六、焦点解决短程团体干预次数

一周一次，共 5 次，每次 80 ～ 90 分钟。

七、焦点解决短程团体干预场地

活动室。

八、焦点解决短程团体干预理论

增能理论：指个人在与他人及环境的积极互动过程中，获得更大的对生活空间的掌控能力和自信心，促进环境资源和机会的运用，以进一步获得更多能力的过程。

自我效能理论。指个体在面临某一任务活动时的胜任感及其自信、自珍、自尊等方面的感受。班杜拉认为，个体直接获得的行为成败经验、观察他人获得的替代性经验、他人和自我的言语劝说以及情绪和生理状态都是形成个体自我效能的不同途径。班杜拉还强调人的行为和环境的相互作用，在个体形成新的社会行为和态度的过程中，环境中的他人是一个重要的信息来源。

九、焦点解决短程团体干预总方案

焦点解决短程团体干预总方案如表 5.4 所示。

表5.4　焦点解决短程团体干预总方案

单元	单元名称	单元目的	单元内容	单元时长	备注
一	相遇	让团队成员相互认识，相互了解，增强成员间的信任力，营造相互尊重和团结的氛围	1. 融冰：微笑握手 2. 团队建设：滚雪球 3. 承诺，建立团体规范	80 分钟	承诺书、笔
二	奇迹再现	1. 对过去学习中的资源进行探索和认识 2. 构建学习目标	1. 成长四部曲 2. 过去学习生命线 3. 奇迹	90 分钟	纸、笔
三	我的金库	1. 制定小目标 2. 寻找资源	1. 回顾与热身 2. 一路有你 3. 最近目标区 4. 二十个金块	90 分钟	纸、笔
四	回望自我	1. 回望自我的成长历程，强化效能感 2. 为下一阶段学习建构连接现实的一小步	1. 抓手指 2. 优点叙事 3. 优势再利用	80 分钟	纸、笔
五	辉煌自我	1. 对目标再次确认与修正 2. 强化信心，升华主题 3. 激发支持力，为团辅温暖结尾	1. 拍拍操 2. 确认目标 3. 优势宝藏 4. 温暖结尾	90 分钟	A4 纸、彩笔

十、焦点解决短程团体干预单元方案

焦点解决短程团体干预单元方案如表 5.5 －表 5.9 所示。

表5.5 单元一：相遇

活动名称	活动目的	活动内容	时间	备注
微笑握手	通过握手有了身体接触，活跃现场气氛	全体在规定时间内和同学们握手，握手时要面带微笑	15 分钟	
滚雪球	小组成员用正向词和自己的名字向组员介绍自己	每个人介绍自己的特点 + 名字，并重述在自己之前所有人的特点 + 名字。特点须是正向词语，如“帅气的”等	20 分钟	
我的名字	活跃气氛，团体成员相互熟知	每个人将自己的名字用动作向大家展示出来，然后大家再模仿一遍该同学的动作予以回应	25 分钟	
承诺	形成约定，成员补充并签订保密原则，解读相关规则	成员阅读、签订承诺书	20 分钟	承诺书、笔

表5.6 单元二：奇迹再现

活动名称	活动目的	活动内容	时间	备注
成长四部曲	活跃团体气氛，体验成长需要	小鸡的成长状态：蹲着——鸡蛋，半蹲——小鸡，站立——大鸡，回座位——凤凰。成员们最开始都是鸡蛋，然后找同为鸡蛋的成员用猜拳的形式决胜负，赢了的便成长为小鸡，小鸡找与自己一样的小鸡猜拳成长为大鸡，输了的小鸡又变回鸡蛋，重新找另外的鸡蛋猜拳，大鸡之间的猜拳方式类似，赢了的变成凤凰并回到自己的位置上，输了的又变回小鸡	15 分钟	
过去学习生命线	使成员初步对过去学习进行探索和认识	画出一条从出生到现在的生命线，标出自己不同阶段的点（如小学、中学），回忆在过去的学习生涯中有没有比较感兴趣的科目和取得过优异成绩的科目，你是怎么做到的？	40 分钟	纸、笔
奇迹	构建学习目标	想象一次奇迹发生，你当下的学习会改变，那么你希望看到什么改变？ 回到学习中你将做些什么才会让奇迹发生？	35 分钟	纸、笔

表5.7　单元三：我的金库

活动名称	活动目的	活动内容	时间	备注
我为你，你为我	放松，活跃气氛	大家按顺序站，围成一个小圈，面对着前面同学的背，随后跟随带领人的口号为前面的人捶一捶肩与背，随后向后转，换一个方向	10 分钟	
一路有你	感受迷茫，明白方向（目标）的重要性	阶段一：一人戴着眼罩，另一人可以牵着走以及提示 阶段二：一人戴着眼罩，另一人只能给提示 阶段三：一人戴眼罩行走，另一人不能给予任何提示（为安全考虑，可自愿放弃）	20 分钟	眼罩
最近目标区	寻找近期可以做到的小目标	成员在纸上为自己写出接下来一个星期在学习上需要做到的提升并与小组同学分享	30 分钟	纸、笔
二十个金块	寻找自己目前在学习中的优势及资源	在纸上写出自己在学习上的二十个优势及资源，并和小组同学分享	30 分钟	纸、笔

表5.8　单元四：回望自我

活动名称	活动目的	活动内容	时间	备注
抓手指	活跃团体气氛，放松自我	学生以小组为单位围成一圈，每人伸出右手，掌心向下；左手握拳并露出食指。用食指抵住左边同学的右掌心，形成一圈。听老师念一段文字，当听到关键词（如“资源”）时立刻右手收紧，抓住同学的食指，同时自己的食指要逃脱别人的“抓捕”	5 分钟	
优点叙事	成员通过对优点进行叙事分享，回望自我的成长历程，强化效能感	回看上一次团辅“二十个金块”活动中自己写下的学习优势与资源。选择一个向小组成员分享： 1. 你什么时候发现了自己的这个优势？当时发生了什么？ 2. 带着这个优势学习、生活你有什么感受？ 3. 若访问你周围的人，谁会知道你具有这个优势，其会对你说什么？	40 分钟	上一轮完成的资源卡
优势再利用	通过尽可能具体的场景描述，为下一阶段学习建构连接现实的一小步	在资源卡中选择一个优势，写下以下问题的答案，使其成为下一阶段学习计划（一部分），并在小组内分享： 1. 你打算什么时候再次使用这个优势？ 2. 你开始使用这个优势时，你在哪里？你会看见什么、听见什么、想到什么？	35 分钟	纸、笔

表5.9　单元五：辉煌自我

活动名称	活动目的	活动内容	时间	备注
拍拍操	活跃团体气氛，放松自我	学生按照视频所示，进行拍拍操游戏。通过一轮比一轮节奏加快的游戏提升专注力，为下一环节做好准备	5 分钟	
确认目标	成员通过对自己正向所欲的场景的积极想象与描绘，对目标再次确认与修正	成员在纸上画出当下的学习目标达成后的场景，在组内分享： 1. 纸上描绘了什么？ 2. 若这个理想状态是 10 分，与之完全相反是 0 分，参与本团辅之前自己的分数是多少？现在的分数是多少？ 3. 我认为接下来若往前进，有多少分是比较可能的？	30 分钟	A4 纸、彩笔
优势宝藏	将资源意象化后注入目标图，强化信心	对照前期资源卡中已找到的资源，用任何自己喜欢的图形内容指代每一个资源，画在上一环节的作品中。并在组内分享	30 分钟	资源卡、纸、笔
温暖结尾	通过为作品命名，升华主题。通过邀请成员为自己写下祝福语，激发支持力，也为团辅温暖结尾	1. 为自己的作品命名，向组内成员说明名字的含义 2. 邀请团队内至少 1 名成员在作品背面写下对作品的感受与祝福	15 分钟	笔

第三节　焦点解决短程心理干预运用于个别辅导

辅导教师：朱小燕。

督导：何奎莲、张薇。

一、案例描述

小辉，男，高一学生，父母外出务工，自己在老家上学。有一个弟弟在上小学四年级，与父母一起生活。父亲常去打麻将，输的时候较多，父母因为这个事情经常吵架，这让小辉很烦躁。小辉因为自己曾留过级，现在学习动力很足，很努力，经常熬夜到凌晨，但最近考试成绩下降，自己情绪更加低落，主动找心理老师寻求帮助。

二、案例分析

（一）家庭因素

小辉当下的情绪状态受家庭关系影响较大，父亲沉迷麻将，以致父母经常争吵，小辉为此感到烦躁。

（二）性格因素

小辉性格内向，朋友较少，所以在自己烦躁时缺乏有效的宣泄手段。

（三）认知局限

小辉认为以前能够考好是因为科目简单，容易学，现在考不好是因为难度增大了，把学习成绩好坏简单归因为难度，而忽略了其他一些因素。同时，他对自己的应对能力缺乏科学认知，一方面渴望去打球放松，另一方面却害怕自己过于放松。

三、辅导方法及流程

（一）第一次会谈

采用简短开场让来访者放松，选择能表示理解与支持的话语加以回应，尊重来访者对困扰的主观诠释。

1. 正向开场与问题简述

正向开场与问题简述如表 5.10 所示。

表5.10　谈话内容之一

谈话内容	说明分析
老师：欢迎你来到我们心理咨询室，感谢你对我的信任。首先，我和你说一下心理咨询的原则。我们会严格遵守保密制度，保护你的隐私，所以你尽管放心。当然也有保密例外，那就是你所说的内容威胁到了你自己或者他人的生命安全。其次，我们咨询的时间是 50 分钟，如果我们双方觉得有必要，还可以预约下一次咨询。现在你还有什么不清楚的吗？	正向开场，说明保密原则，建立良好的咨询关系
学生：没有了。 老师：好的，我看了你的预约登记表，发现你的书写比较工整，看起来很舒服。 学生：（笑了）一般吧，也不是很好，就是养成了习惯而已。	赞美，启动轻松、容易回答的对话，让学生开始放松
老师：这是一个很好的习惯，希望你能够继续保持。老师看到你写了很多内容，你觉得今天和我讨论什么对你来说是有用的呢？ 学生：老师，我最近很烦。我爸爸妈妈在外面打工，爸爸经常打麻将，而且输了很多钱，我妈经常和他吵架。	赞美和肯定，采用成果性问句让来访学生决定谈话方向
老师：爸爸打麻将输了很多钱，妈妈因为这个事情经常和他吵架，让你很烦，是吗？ 学生：对。 老师：这确实是件让人烦心的事情。	简述语意，一般化学生的情绪反应。让其感觉被理解和支持，情绪出现很正常

2. 建构目标

以未来为导向，与来访者探讨其想要的未来，从而形成来访者个人能力与意愿所及的目标（见表 5.11）。

表5.11　谈话内容之二

谈话内容	说明分析
老师：你希望情况可以怎么改变呢？ 学生：爸爸不打麻将。 老师：现在爸爸打麻将的次数是多少？一般会打多久呢？ 学生：不是每天打，一周可能有几天去，下班后打几个小时，但是不会很晚才回去。 老师：哦，爸爸其实不是每天打，只是下班后才去，但是不会很晚才回去。 学生：嗯，对。	引导学生以正向所欲的语言表述目标
老师：所以，你希望爸爸怎么做？ 学生：要他完全不打好像也不太可能，他打麻将次数稍微少一点就好了。 老师：听起来你认为爸爸完全不打麻将不太可能，只是希望他去打麻将的次数减少，是吗？	愿景问句，引导其将目光由问题转向问题解决后的正向场景
学生：对。 老师：所以，你今天想和我说的是自己可以做点什么，让爸爸少去打麻将，是吧？ 学生：是的。	简述语意，强调了学生的理性思考，降低期望

3. 探讨例外

例外即资源、优势。它存在于问题未发生、没那么严重或发生较少时。通过鼓励来访者觉察、思考其已有的例外资源，让其欣赏自己，产生信心，因而更愿意也更容易执行应对问题的方法（见表 5.12）。

表5.12　谈话内容之三

谈话内容	说明分析
老师：你有做出过什么努力吗？ 学生：我和我爸爸说过，劝他不要去打麻将了。 老师：效果如何？ 学生：他说让我不要管，管好自己的学习就行。 老师：能够具体一点吗？ 学生：我当时就和他说，你不要打麻将了，你辛辛苦苦工作，打麻将又输了那么多钱，根本不划算，因为你打麻将，我妈要和你吵架，大家都不高兴，所以你不要打了。 老师：如果让你对和爸爸沟通的效果打分，10 分是满分的话，你会打多少分？ 学生：2 分吧。 老师：我比较好奇，这 2 分是怎么来的呢？ 学生：起码他没有直接不耐烦，不搭理我，还是会听我说，只是感觉没有什么改变。 老师：听起来即使好像没有达到你期望的那个样子，你也坚持和他沟通，并且你和他之间的沟通有让你比较满意的地方，比如，他没有不搭理你，不耐烦，对吧？ 学生：对。 老师：那你希望效果是多少分？ 学生：8 分，因为 10 分是不可能的，他本来就有点沉迷麻将了，不可能我说了，他马上就不去打了。我只是希望他少去打麻将。 老师：嗯，你的意思是，目前来说，他完全不打麻将是有一定难度的。所以，你是希望通过沟通，能够让他减少打麻将次数，而不是彻底不打麻将。 学生：嗯。 老师：你期望的效果是 8 分，实际是 2 分，你认为你可以做点什么可以让这个分数靠近一些？ 学生：其实我和他说话态度不好，没有和他好好说，他就不耐烦。 老师：嗯，你觉得和爸爸说话，态度应该好一点。那么我比较好奇，几分，你认为是他可以做到同时你也可以接受的呢？ 学生：先从 3 分做起吧。 老师：3 分的时候，会是什么样子的？ 学生：我会好好说话，态度好一点，他可能不那么抵触，可能更容易接受。 老师：除了态度方面自己可以改变以外，你认为还有哪些方式可以达到你希望的效果呢？ 学生：我暂时没有想到，我其实不知道该怎么和他说，我们平时交流不多，现在我又离他们那么远。 老师：没关系，其实不知道如何和爸爸沟通这个问题很多人都会遇到，老师也有过这方面的烦恼。正如你说的，其实自己离他们比较远，能够做的有限。 学生：对，老师，你给我一点建议吧。 老师：你如何看待父母外出打工呢？ 学生：是因为没有办法，在老家不能供我们读书，没有那么多钱，所以要出去打工上班，其实他们非常不容易，他们肯定也希望留在老家的。	应对问句，让其把目光转到自己的应对策略上 具体化，了解其之前为处理问题做出过怎样的努力，减少其无力感 评量问句，把抽象模糊的表达变得具体可测量，帮助老师和学生了解具体情况 关注已获得的成效，寻找正向资源 重新建构学生的语言，强调了他的坚持与努力 澄清，帮助学生了解自己内心真实想法，明确不可能马上做到理想中的状态，为后面的“一小步”做准备 差异问句，引导学生客观看待差距并意识到关系是相互的，自己才是处理问题的专家 引导学生寻找现实可行的操作方向 具体化学生的操作细节，同时对正向所欲场景的想象可以强化学生实施改变的信心 追踪问句，扩大学生的知觉 一般化，接纳其情绪和认知 引导学生换位思考，多理解父母 赞美其优点并寻找爸爸的例外

续　表

谈话内容	说明分析
老师：是啊，你很懂事，能够体谅父母确实很不容易，其实他们也希望可以陪在孩子身边的。爸爸什么时候打麻将比较少？	
学生：加班比较忙的时候就不会去。	
老师：所以，爸爸工作不忙才去。	
学生：对，可能也是打发时间吧，可是他打麻将输钱就不好了，毕竟挣钱不容易。	
老师：我发现你在尝试站在爸爸的角度思考这个问题，去理解他，同时你又看到了打麻将的坏处，所以你希望他也能意识到这个坏处，对吗？	赞美并澄清学生真正想要的内容
学生：是的，可是他好像听不进去。	换位思考，用自身经历引出改变的细节
老师：你可以想想，从小到大，父母怎么和你说话你才会听？	
学生：不要动不动就骂我，有时候，都没有搞清楚原因就骂我，还打我，我觉得很不舒服。还有，我有了进步，他们完全看不到，都不夸我，还在别人面前说我的不好，我觉得很烦。	重新建构学生在意与想要的场景
老师：你希望他们弄清楚原因，看到你的努力和进步，多关注你，多夸你，是吗？	一般化可以让学生理解并接纳爸爸的反应，学生就更愿意思考自己可以怎么做
学生：是的。	
老师：其实大多数人都渴望得到别人的理解和支持，别人可以看到我们的长处和优点，爸爸也是一样的，所以如果你处于爸爸的位置，你希望别人怎么来和你说打麻将这个事情，你更容易接受。	
学生:好像我当时没有考虑到爸爸的感受，我只说他的不对了，一直在指责，谁听到了都会不舒服。	
老师：你很懂事，爸爸上班确实不容易。	

4. 催化一小步

同来访者探讨细化的改变步骤，预演行动的历程，激发行动的意愿（见表 5.13）。

表5.13　谈话内容之四

谈话内容	说明分析
老师：我很惊讶你这么快就能转换角度，站在爸爸的角度去思考，那么你认为你可以怎么说呢？	赞美，激发行动意愿
学生：我会对爸爸说："爸爸你打麻将输钱了，妈妈要和你吵架，我们家关系就不好，我和弟弟都觉得很烦，我们希望有一个温馨的家，爸爸妈妈相处很和谐，你们相处比较好，我们就高兴。"	
老师：你很棒，能够敢于说出自己的感受，而不是一味批评、指责爸爸。那你希望爸爸怎么做，可以表达出来吗？	
学生：我会对他说："我希望你能少打麻将，我知道让你马上不打有点难度，也许对你来说，打麻将也是一种放松的方式吧，毕竟平时上班也很辛苦。可是打麻将的钱都是你和妈妈辛辛苦苦赚的，你们都很不容易，如果输了就很可惜。你觉得一周可以有几天不打吗？如果你实在觉得无聊的话，就帮妈妈做点家务，帮弟弟看看作业，小学四年级的题，肯定有你会做的。你们吃了饭，还可以一起去散步，这样子一家人生活才好呢。"	振奋性鼓舞，激发学生预演行动
老师：你太棒了，出乎了我的意料，这个建议很棒哟，你准备什么时候和爸爸说呢？	预演行动的历程，让其做好心理准备，减少挫败感和无能感，强调改变自己的可能
学生：我准备这个周日中午给他打电话说。	
老师：万一你说了，爸爸没有如你所期望的那个样子立刻改变，你会怎么办呢？	
学生：可能我会想是不是自己表达方式有问题，自己分析一下，可能多站在爸爸的角度去说会比较好，但我相信会有用的，所以我很愿意去尝试。	
老师：嗯，我们可以尽力去尝试，但正如你之前所说，要立刻改变一个人真的有难度，如果下次打电话发现父母吵架了，让你给自己受到的影响程度打分，0 分到 10 分，数字越大，代表父母吵架对你的影响越大，你打几分？	评量问句帮助学生明确自身状况
学生：8 分。	寻找改变的工作空间
老师：你期望几分？	
学生：6 分。	差异问句，寻找改变的操作细节
老师：从 8 分下降到 6 分，你觉得自己可以做些什么呢？	
学生：我也知道，就算在身边，自己能够做的可能也有限，我自己心里确实比较烦躁。	
老师：是啊，因为你在乎家人，所以会受到影响。有没有你比较烦，但是自己调节得比较好的时候？	一般化后寻找例外
学生：有的，我和同学说了会好一点，还有就是听了就听了，上课的时候不想这些事情，因为自己隔得远。	
老师：嗯，你之前有过这些行为，而且效果还不错。我们来总结一下，可以和同学倾诉，还有上课专心，不想这些，因为自己暂时做不了太多，所以把握好现在最重要，那么你觉得目前自己采用哪个方法，会比较有用呢？	通过摘要强调已有正向资源
学生：告诉自己，现在能够做的比较少，尽力就好。	具体化"一小步"的操作细节
老师:很好，有积极的自我暗示，如果可以，你看到或听到什么会提醒自己？	
学生：我可以以后看到我最喜欢的笔，就告诉自己尽力就好。	
老师：好的，我们今天一起找了方法帮助你和爸爸沟通，也希望你以后遇到类似的情况要多给自己积极暗示，或者和同学倾诉，相信你可以做到，期待下次你来告诉我，你和爸爸交流的情况哦。	

（二）第二次会谈

一周后小辉再次来到咨询室，面带笑容，精神状态较好。

1. 进展与差异讨论

同来访者探讨些微变化之处，协助其加强对改变历程的自我意识、自我监控及自我协助（见表 5.14）。

表5.14 谈话内容之五

谈话内容	说明分析
老师：感觉你今天很高兴哦，面带笑容，似乎有好事发生呢，愿意和老师说说吗？	正向开场
学生：上周日中午我给爸爸打了电话，说了我心里面的想法。他说了，他以后不会天天打麻将，争取一周打四天，然后按照我说的做，我很开心，心情舒畅。 老师：这真的是件令人非常开心的事情呢，你是怎么做到的呢？ 学生：我尽量站在他的角度去说，我觉得他真的为这个家付出了很多，非常不容易，我可以理解他。而且我说的时候没有很责备他，语气也比较温和，他也耐心听我说。我觉得我以后和人说话就要这样说，别人才能听进去，不然可能达不到想要的效果。	赋能，回忆当时的细节
老师：你说你站在他的角度去说话，同时语气比较温和，让他感觉被理解了。 学生：是的。 老师：恭喜你啊，不仅处理好了这个事情，还知道了以后遇到类似的情况该怎么办。	摘要，强调改变发生的细节，暗示以后可多做

2. 本次会谈目标确定

确定本次会谈目标的谈话如表 5.15 所示。

表5.15 谈话内容之六

谈话内容	说明分析
老师：今天过来找老师，想和老师聊什么呢？ 学生：学习问题。 老师：好的，那么我们一起来看看学习问题吧。	正向开场
学生：我很努力了，每天都凌晨 2 点左右才睡，上课也很认真，但是最近的考试成绩让我很难过，因为我初三留过级，我很看重学习，我也希望自己以后过得好一点，能够减轻父母的负担，孝顺父母，让他们不用那么辛苦，但是我明明那么努力，成绩还不如以前，我不知道怎么办。 老师：能够感觉到你有些担心和焦虑，不知道怎么办，有点迷茫，其实不止你一个人有这样的烦恼，很多同学都有和你相似的烦恼。你很努力，认真、踏实，付出了很多时间和精力，能够做到这些已经很难得。你也很孝顺，希望自己以后过得好，以后父母不用那么辛苦。你希望自己是一个怎样的状态呢？ 学生：不会因为自己的心态问题没有考好，考试时更加轻松，自如应对。 老师：哦，所以你是希望自己心态变得更好，让你考试更加轻松自如，是吗？ 学生：是的。	共情，一般化，说明这样的情况很多，学生所有的情绪反应都很正常，表明接纳理解的态度 赞美，引导学生进行分析 愿景问句，让学生从关注问题转向关注目标 确定目标

3. 探讨例外

探讨例外如表 5.16 所示。

表5.16　谈话内容之七

谈话内容	说明分析
老师：有自己心态比较好的时候吗？	找例外
学生：我上学期总体说来，心态就好一点。这学期，感觉每个学科都比上学期难了，而且我发现上学期期末，有些平时没有我努力的同学，他们居然还考得好。	
老师：这学期各科都比之前难，而且看起来没有你努力的同学比你考得好，让你感觉到了一些压力。	形塑，并且用“看起来没有你努力”暗示可能只是自己主观认为别人不如自己努力
学生：对，是这样的。	
老师：那么我比较好奇，上学期你是如何让自己心态比较好的呢？	应对问句，找寻学生自身已经拥有的方法，帮助其认识到自己可以改变问题
学生：上学期的科目简单很多，没那么深奥。	
老师：科目简单还是难，你觉得自己可以控制吗？	
学生：不能，还是看自己心态。	
老师：是的，那么你曾经有没有过比较放松的时候，或者自我感觉比较好的时候呢？	寻找例外
学生：有，我中考的时候，我虽然补习，但是觉得不紧张，比较淡定。	
老师：结果如何？	
学生：后来我有点超常发挥了，反正比我平时的分高点。	
老师：按道理来说，你补习过，压力会更大一些。但你很好地应对了，我很好奇，你是怎么做到的？	赞美强调了学生已做的努力，并用应对问句寻找资源
学生：有压力很正常，我觉得我努力了，我可以考上的，而且我心情不好的时候，我就打球。	
老师：正确看待压力，还有积极的自我暗示和恰当的发泄方式，是吗？	
学生：嗯。	摘要具体方法
老师：那么你认为你目前的压力你可以用什么方法缓解呢？	
学生：打球，但是我就是怕自己太放松了，所以一直不敢去。	
老师：你打球一般时间多久？	
学生:其实不多,就下午放学打半个小时,而且不是每天都打,因为时间很紧,要写作业，只有周二和周四可以去。	
老师：你担心自己会太放松，那么你认为自己可以怎么办呢？	
学生：我找人监督。	
老师：这个人是谁？	
学生：我们寝室的同学。	
老师：不错，其实找人监督，还可以相互做伴，相互鼓励，比一个人努力好很多。如果他知道你很希望他来监督你，他可能会有什么反应呢？	关系问句，激发学生支持力，从而使其更愿意改变
学生：他会比较意外和开心，他是我比较信任的人。	
老师：嗯，你很信任他，你觉得自己有了怎样的改变，才能证明他对你的监督是有帮助的呢？	
学生：我们可以一起玩，时间超过半个小时，他可以及时提醒我。	具体化改变细节
老师：所以，接下来，你准备如何做？	
学生：我想告诉那个同学，让他和我一起玩，并且监督我，提醒我时间。	催化一小步
老师：那么你以后压力比较大的时候，不能去打球的时候怎么办？	
学生：我会告诉自己尽力了就好，确实压力很大，我就深呼吸。	发展其他可能性
老师：嗯，除了靠同学监督，还可以靠自己，自己做深呼吸可以有帮助。	

4. 总结反馈

总结反馈如表 5.17 所示。

表5.17　谈话内容之八

谈话内容	说明分析
老师：在我们的交流过程中，你有几个地方让我印象特别深刻，我发现你是一个非常孝顺、懂事的孩子，希望自己努力让自己父母过得好，你能够体会父母在外打工的不易，同时虽然父母不在身边，没人监督你，但你学习非常努力。 学生：（笑了）谢谢老师的表扬。	赞美，肯定当事人自己的努力，为后续建议做铺垫
老师：我理解你的焦虑和烦躁的心情，所以我有一些建议：请继续努力学习，注意观察，自己心态好的时候，发生了什么？自己是如何做到的？让那个同学监督自己，会有什么不同？那么我们来总结一下，你可以采取哪些行动？ 学生：深呼吸，找同学监督自己，运动时间不超过 30 分钟，周二和周四去运动。 老师：你说得很好，老师也希望你能够将你说的这些用起来，老师期待看到你的改变哦！以后你遇到了什么烦心事，有了小烦恼，也可以过来找我。今天的谈话就这样了哦。 学生：好的，老师拜拜。	建议提供了能尝试的“一小步”

四、效果评估

从第一次咨询来看，小辉开始尝试和父亲沟通，并且根据反馈，自己对效果比较满意。第二次咨询后，根据上课观察和从班主任处了解情况，小辉上课比较认真，状态较好。后来有一次学生告诉我，在后面的一次考试中，他用上述的方法，在慢慢调整自己的心态，总分进步了 10 分。

五、干预者后记

（一）建立良好的咨访关系很重要

小辉来访时话不太多，但 SFBT 强调咨询师要对当事人怀有真诚、好奇的心，接受当事人各种各样的知觉，并展现出一种愿意倾听的姿态。干预者晤谈时使用正向开场，积极营造了一个相互尊重、肯定及开放式对话的氛围，让学生体验到自己是被尊重、理解的，咨询才能朝着建构解决之道的方向前进。

（二）立足经验的咨询策略让改变更易发生

本案例中，老师不纠缠于小辉困境的原因，不试图做分析、提建议，而用提问引导其逐步找到自身资源，用符合自我意愿与逻辑的方式应对困境。SFBT 与苏格拉底的“产婆术”类似，咨询师更像一个助产士，相信来访者已有经验和资源，在来访者的参考架构中引导他建构解决之道，让“一小步”更易发生。当事人是解决自己问题的专家，干预者要充分相信当事人的力量，挖掘其内在和外在的资源。

（三）赋能的价值取向适用于广大青少年

小辉来访时情绪较低落，但 SFBT 相信每个人都具有惊人的资源力量。干预者在晤谈中大量使用赞美强化赋能感，探讨其已有优势，奠定改变的基础，两次咨询即收到良好的效果。SFBT 的咨询方向呼应了门策、平内尔与奈尔斯提出的赋能导向的咨询标准，对渴望认同、认知水平较高、能动性强的青少年群体尤为有效。当今青少年心理问题发生率较高，而学校心理教师较少。SFBT 的咨询短时高效，可以让心理教师服务更多的孩子。

朱小燕个别谈话

干预者简介：朱小燕，女，中学二级教师，国家三级心理咨询师，四川省筠连中学专职心理教师，筠连县人民法院家事审判心理疏导员，获四川省中小学心理健康教育论文一等奖、宜宾市中小学心理健康教育论文一等奖，宜宾市教育和体育局首届心理导师班学员，教育部课题《西南农村留守家庭心理支持体系》参研者，公益项目“西南农村留守家庭心理支持行动”核心志愿者。有 5 年留守经历，期间与外公外婆一起生活。

寄语留守：成为自己的太阳，照亮自己，温暖别人。

本章参考文献

[1] TREPPER T S，DOLAN Y，MCCOLLUM E E，etal. Steve de Shazer and the future of solution-focused therapy［J］. Journal of marital & family therapy，2010，32(2):133–139.

[2] 高翔，戴艳，郑日昌 . 焦点解决短期治疗 (SFBT) 简介 [J]. 中国心理卫生杂志，2004(5):321–322，320.

[3] 许维素，陈宣融 . 焦点解决短期治疗在台湾地区学校辅导中的应用 [J]. 心理研究，2015，8(4):16–22.

[4] 杜珍琳 . 焦点解决短期治疗在国内的运用 [J]. 科教导刊 (上旬刊)，2015(16):166–167.

[5] 张泽仑，何玲，史占彪 . 焦点解决短程集体咨询对研究生拖延行为的随机对照研究 [J]. 中国心理卫生杂志，2017，31(1):7–12.

[6] 刘爱华 . 焦点解决治疗方法对个体生涯成熟度的效用研究——以应用心理学专业为例 [J]. 人力资源管理，2013(12):258–259.

[7] 张晨，邱晓婷，杨瑛 . 焦点解决短期治疗模式在脑卒中后焦虑个案中的应用 [J]. 中国社会工作，2020(18):34–40.

[8] 王雪 . 焦点解决团体心理辅导对青年脑梗死患者社会功能、二级预防依从性影响 [J]. 罕少疾病杂志，2020，27(4):7–8，39.

[9] 李磊琼，王敬群 . 焦点解决模式生涯发展课程提升大学生职业自我效能的实证研究 [C]// 中国心理卫生协会大学生心理咨询专业委员会 . 高校心理健康教育新进展——全国第十届高校心理健康教育与心理咨询学术交流会论文集 . 中国心理卫生协会大学生心理咨询专业委员会 : 中国心理卫生协会，2007.

[10] 许维素 . 焦点解决短期治疗的代表性问句 [J]. 心理技术与应用，2015(1):45–49.

[11] 许维素 . 焦点解决晤谈中的积极倾听与形塑技巧 [J]. 心理技术与应用，2014(11):45–48.

[12] 刘宣文，何伟强 . 焦点解决短期心理咨询原理与技术述评 [J]. 心理与行为研究，2004(2):451–455.

[13] 戴艳，高翔，郑日昌．焦点解决短期治疗 (SFBT) 的理论述评 [J]. 心理科学，2004(6): 1442–1445.

[14] 刘欣颖．焦点解决疗法 SFBT 在中国教育领域的实践 [J]. 教育管理，2016(14):96.

[15] 黄亮．SFBT 的理念技术与职校生心理健康教育 [J]. 当代职业教育 .2013(4):80–83，95.

[16] 李倩倩．焦点解决短期心理咨询在儿童与青少年群体中的应用 [J]. 教育观察，2017，6(20):34–35.

[17] 李忠艳．焦点解决短期心理咨询在高校的适用性 [J]. 成人教育 .2008(12):36–37.

[18] 梁明明，李晓敏，曾超超，等．焦点解决团体治疗的应用与展望 [J]. 重庆医学，2017，46(27):3872–3874.

[19] 许维素．生命的亮光——焦点解决短期治疗的例外架构 [J]. 心理技术与应用，2014(10):47–50.

[20] 刘敏．焦点解决团体辅导对小学高年级学生负性情绪的干预研究 [D]. 南昌：南昌大学，2018.

[21] 王妍．焦点解决团体辅导对高年级小学生学业情绪的影响 [D]. 长沙：湖南师范大学，2020.

[22] 贺杰．焦点解决取向团体辅导改善小学生学习动机的应用研究 [D]. 宁波：宁波大学，2019.

[23] 王丹．中职生日常情绪调节状况及其焦点解决团体辅导干预研究 [D]. 石家庄：河北师范大学，2016.

[24] 周丹．焦点解决团体辅导改善学业不良高中生课堂学业情绪的应用研究 [D]. 南昌：江西师范大学，2016.

[25] 倪荣华．焦点解决取向考试自我效能感团体辅导对初中生考试焦虑的干预研究 [D]. 武汉：华中师范大学，2018.

[26] 张洁．焦点解决团体对高中生应对方式的干预研究 [D]. 济宁：曲阜师范大学，2012.

[27] 崔彩清．焦点解决短期团体辅导对农村高二学生友谊质量和孤独感的干预研究 [D]. 武汉：华中师范大学，2016.

[28] 王贝蓓．焦点解决取向团体辅导对贫困大学生恋爱压力的干预研究 [D]. 昆明：云南师范大学，2014.

[29] 席明静．焦点解决取向团体辅导治疗大学生抑郁 [J]. 中国健康心理学杂志，2011，19(2):223–225.

[30] 闫明，吴亚子．焦点解决取向团体辅导对大学生自我接纳的干预效果 [J]. 中国学校卫生，2020，41(2):298–301.

[31] 杨钰立，王玲莉，张宛筑．焦点解决取向团体辅导对大学生学业拖延的改善 [J]. 江苏教育，2020(80):29–32.

[32] 刘宁宁，骆宏 . 焦点解决短期治疗及其在高校心理健康教育中的应用 [J]. 中国学校卫生，2010，35(5):637–639.

[33] 任娜 . 焦点解决短期心理咨询在中小学的应用 [J]. 浙江教育科学，2007(2):27–30.

[34] 罗华倩 . 焦点解决团体治疗对高职学生辅导效果之研究 [D]. 高雄：高雄师范大学，2007.

[35] 杨明伟，田怀金 . 焦点解决短期治疗模式在高校个案社会工作中的实践和探索——以 S 高校“倾听者行动”项目为例 [J]. 开封文化艺术职业学院学报，2020，40(11):161–163.

[36] 刘中媛 . 焦点治疗中评量问句情境效用的个案研究 [D]. 呼和浩特：内蒙古工业大学，2020.

[37] 赵燕 . 成为更好的自己——焦点解决短期治疗提升学生自我效能感的个案 [J]. 科教导刊 (中旬刊)，2019(5):165–166.

[38] 傅红蕾 . 焦点解决短期心理治疗技术在中职学校个别心理咨询中的应用研究 [D]. 程度：四川师范大学，2018.

[39] 沈宏艳 . 留守经历大学生压力源、应对方式与人际和谐的关系及干预 [D]. 芜湖：安徽师范大学，2017.

[40] 王佳仪 . 焦点解决取向团体辅导对外来务工人员子女心理韧性的干预研究 [D]. 南京：南京师范大学，2019.

后　记

行走，心迹

寒冬冷，雪花飞。推开窗，空气中蜡梅芬芳扑鼻。

眼含泪，心欣喜。放下笔，书桌上文稿厚重安心。

7 年孕育，“益守幸福”丛书中的第二本也生产了！

我想和您——亲爱的读者，聊聊这本书背后的故事。

这几年高强度、超额度工作，每年三百多课时教学、近百场培训，还有课题研究、学生毕业指导、创新创业项目指导，还有年幼需要陪伴的女儿。

我已记不得闲暇时的身心感觉，但精神一直是充沛的，行走一直是持续的，心灵一直是丰盈的。

其间也曾遭遇背叛，北川的情殇再度上演，生活真是要给我足够的磨砺，让我去感同身受那些撕心裂肺的痛，去承受那些刻骨铭心的殇，去成长为更丰盈、包容的人。

很多人问我：你这么忙，动力来自哪里？

坦率地讲，我真不知自己在忙，只是借由北川心理援建奠基的“心”动力，认认真真、老老实实去完成想做、该做、能做、愿做的事。

我想，假如没有北川援建磨砺的耐力，没有对生命发自肺腑的热爱，我的内在早就在疲惫中荒芜、枯萎。

2008 年 5 月 12 日，汶川地震，我申请做志愿者，未果。

2008 年 5 月 15 日，我报名参加四川省委组织部组织的灾后心理服务。

2008 年 6 月 10 日，我在宜宾学院组织部廖部长的护送下抵达绵阳九州体育馆。

从此，生命踏上“心”路径。

在北川，3 名干部先后自杀，朋友先后离开，至今我也无法走出那种心殇。

对北川，我曾全身心地投入过，太厚重的 2 年，我却找不到任何与之匹配的语言来述说那些疼、那些爱、那些人与事……

当你痛到极致、爱到骨髓时，语言便真的很苍白、很无力！

生命如此可贵，又如此脆弱，我愿将我的余生投放“心”事业。

2010 年 3 月，我从北川回到宜宾。常听人说起现在留守孩子问题多，父母不在，祖辈又管不了。

2011 年，我有了女儿，在忙碌中想念她时，才深切体验到母子分离会是怎样的痛。

如果说汶川地震中亲人遇难是死别，那么留守家庭里父母的远离便是生离。

生离与死别，都断肠。

看到媒体报道，听到周边留守故事，我总会随悲事泪流随喜事展颜。

我是理性的，在哭过、笑过后，我静下来，在无数个深夜，伴随女儿熟睡后的轻微呼吸声，构思了围绕留守的系列课题，并有序立项。

我是感性的，在思过、想过后，我动起来，在无数个白昼，处理完教学、科研相关事务后，启动了围绕留守的公益活动，并逐一实施。

我想，假如没有志愿者持续不断地加入，没有核心团队的鼎力协作，我一个人早就在孤单中寂寞退行。

感谢夏素荣、陈世海、崔亚飞、张莉、胡冬梅、张倩、罗洁、唐海波、张薇、郭朝波、汪娟、曲燕、罗桂华、谢江涛、串凯、杜艳、吴天武、刘涛、范昌杰、仇丹、王翥、古吉慧、刘浪、王新珠、梁旗、胡琴、陈静、王婷、何秀君、胡忠、唐艳、向娟、刘伟、周萌、何旭霞、刘婷婷、王慰、余泉、谢光金、何凤琼、林艳、赵妮黎、刘华强、张龙琴、冯向茜、韩秋念、陈梅、杨国英、王秋玲、朱彦霖、李世春、范钦润等 60 余名教师志愿者！

感谢高圣威、冯黎、秦阳、武天理、刘帅呈、王孝琴、王诗宇、王思雨、刘孝青、朱小燕、王秋、李玥芸、胡雪梅、何燕梅、李大双、李金玉、李昱璇、李庆、何奎秀、牛泽语、张淑婧、倪春节、敬鹏、高榕、陈丽霞、邓光慧、邓晶鑫、严春梅、黎素珍、陈小丹、杜鸿州、陈余剑、王子安、何传亮、王瑾慧、卢忆萍、钟佩亭、姜杉、张越、岳少波、刘焰、廖博闻、袁启香、刘雅菊、文强、谭红君、胡瑶、刘冬梅、黄婉芸、杨茗茗、阳秋菊、成容、李小双、邹俊杰、王祎、郑美玲、田利婷、于玉蓉、肖凤、说各阿各、费硕、罗靓澜、贺云凤、李泓玫、肖洁婷、胡莹蕊、杨梦珂、周倩、申露、文勇、李开心等 200 余名学生志愿者！

感谢何传亮、钟佩亭、卢忆萍、王瑾慧、姜杉、秦阳、岳少波、张淑婧、罗靓澜、蓝洋、何涛参与文献整理！

感谢张薇、卢忆萍、牛泽语、朱小燕、胡雪梅、何燕梅、何传亮、姜杉参与方案撰写及活动带领！

感谢宜宾市教育和体育局“双益工程”600 余名学员参与留守儿童心理服务！

是你们的付出与坚持让项目走到今天！亲，你们真的很给力！

感谢教育部、四川省哲社联、宜宾市教育和体育局、共青团宜宾市委、宜宾学院提供经费支持!

感谢宜宾市教育和体育局、宜宾市总工会、宜宾市民政局、宜宾市关工委、宜宾市妇联、宜宾市老龄委、翠屏区教育和体育局、高县教育和体育局、高县民政局、高县团委、高县妇联、筠连县教育和体育局、兴文县委宣传部、兴文县教育和体育局等部门提供平台支持!

感谢宜宾学院校团委、科技处、教务处、教育科学学院、美术与艺术设计学院提供智力支持!

感谢高县庆岭乡中心校、筠连中学、珙县职业技术学校、兴文县香山民族中学、兴文水栏学校、宜宾县观音镇初级中学校等30余个学校提供场地支持!

感谢吴定初、尚书勇、卢雄、郭平、曾宁波、刘传星、肖旭、孔勤、陈秋燕、吴薇莉、许维素、史占彪、徐朔、黎君、陶明达、戴艳、李静波、黄绪富等专家对我专业的引领!

感谢杨宇、杨成林、蔡乐才、王玲、刘维鸿、毛克强、孟林、王藩侯、王如渊、周广均、朱世凯、李雪洁、张明慧、李健、杨晖、程江、何夕忠、何会宁、杨随军、赵丽萍、杨剑涛、彭贵川、白静、刘薪、刘伟、徐卫、雷鸿、周莉、严增琴、周德林、张毅、万家其、万大佳、王永松等领导的支持与指导!

感谢李益众、何文鑫、刘佳、李冠男、刘健、罗志彦、王东、王亮等媒体朋友的关注!

感谢李明律师和蒙舟法官的法律援助!

是你们的支持让我们看到希望，鼓足勇气将“关爱留守”进行到底!

感谢我的亲人:

我的父母一直在我身边，从未走远。陪他们外出旅游，在相伴中体会爱、守住爱。

感谢我的女儿荷千——团队最小的志愿者，和我一起走过很多地方:

3岁，酷暑里，她紧紧跟在我的身后，陪伴我去村小为孩子们做心理辅导。

5岁，春天里，她站在莱茵春天的台上，拍卖留守儿童作品，并用零花钱买下1幅。

6岁，秋天里，她捡拾美丽的银杏，绘制漂亮的卡片，将最美的画与留守孩子分享。

7岁，寒冬里，她做我的小助理，早起整理活动材料，一直拎到现场，摔跤都不放手。

8岁，作文里，她说:“夜空中有很多星，生活中也有很多星，我的妈妈是公益之星。”

在无数个静默的夜，我握着女儿柔软的小手，讲着自编的故事，白昼的疲惫渐渐消退。

与其说是我给了女儿生命，不如说是女儿唤醒了我别样的生命风采!

是你们的关爱与陪伴让我身心温暖、笃行致远!

感谢华东师范大学、中央广播电视大学、继续网、三峡学院、重庆第二师范学院、重庆文理学院、云南楚雄研培中心等单位对我的邀请，在与众多生命相遇中，那些绽放的欢颜、那些宁静的人给予了我生动的幸福体验。你们的眼泪让我明白，让心不再留守是我们共同的心愿！

最后，要特别感谢的是所有留守儿童及其家庭成员！在服务你们的过程中我们感受到你们的力量，升华了自己的人生，体会了别样的幸福！

本书尚存不足：很多方案还缺少细节打磨，部分实验规范性不够，部分结论局限于某市某校某活动的调研，尚不具有更大的代表性。我们将不断完善研究，在困境群体服务路上笃行致远、砥砺前行。

让我们携手，为留守家庭成员浇灌那颗叫作“信心”的种子，点燃那盏叫作“希望”的灯盏，催生那条叫作“乐观”的路径。

愿他们经历过的苦楚，我们的后代都不复制亲历。

愿我们已拥有的幸福，我们的后辈都能悉数拥有。

何奎莲

2020 年 12 月 30 日于荷苑

益守幸福——困境人群社会心理研究与服务丛书

《守望幸福——西南农村留守家庭心理支持体系研究》
《益守幸福——留守儿童心理与社会工作》
《涅槃重生：灾后青少年心理健康与积极发展》
《积极发展视域：困境儿童心理支持体系研究》
《从问题到资源：中小学班主任心理工作指南》
《从问题到资源：焦点解决短程心理教育》
《从问题到资源：中小学心理教师专业成长指南》
《从问题到资源：未成年人家长心理养育指南》
《从问题到资源：未成年人社区心理服务指南》